1 Ernährung im Alter

Diese Empfehlungen bitte immer mit Ernährungsberater/in, Arzt oder Diätologen/in absprechen! Die Rezepte und Zutatenlisten unterstützen die medizinischen Therapien.

Die Kalorienangaben frischer Zutaten (Obst und Gemüse) und die Inhaltsstoffe schwanken je nach Qualität und Erntezeit. Die Inhalte wurden von einer Diätologin und einer Ernährungsberaterin für die Traditionelle Chinesische Medizin (TCM) geprüft.

Autor:
©2022 Josef Miligui
Liebe Leserinnen und Leser, ich wünsche Ihnen viel Erfolg und gutes Gelingen bei der Umstellung Ihrer Ernährung. Dieses Buch wurde aus eigener Erfahrung mit Krankheit und Ernährung geschrieben und ich habe schon immer das Zubereiten guter Speisen geschätzt. Wenn Sie nicht so geübt sind im Kochen, empfiehlt sich ein Kurs bei Ernährungsberatern oder Diätologen, die Ihnen die Grundlagen der Kochmethoden sowie die richtige Verarbeitung der Zutaten vermitteln können. Anhand der Lebensmittellisten aus diesem Buch können Sie weitere Rezepte entwickeln und entdecken.

Quelle:
Die Listen werden aus der EBNS-Datenbank für die Ernährungsberatung generiert. Die Datenbank wird von Ernährungsberater, Therapeuten und Ärzte für die Beratung der Patienten/Klienten verwendet und ermöglicht eine Kombination mehrerer Syndrome.

Literaturliste:
Wir haben die Unterlagen als Wissensbasis genutzt und an unsere Erfahrungen angepasst und ergänzt.
www.ebns.at

Herstellung und Verlag:
BoD – Books on Demand, Norderstedt
ISBN: 9783741285790

DIÄTETIK - Allgemein - Ernährung im Alter
(Buch: 003)

1 Ernährung im Alter 1
   1.1 Vorwort: 5
   1.2 Beschreibung: 8
   1.3 Therapiestrategie 8
   1.4 Vermeiden 9
2 Speiseplan 9
   2.1 Frühstück 9
   2.2 Jause 10
   2.3 Mittag 10
   2.4 Nachmittag 11
   2.5 Abend 12
3 Rezepte 13
   3.1 Adzukibohnen-Reis-Suppe 13
   3.2 Andalusischer Fischtopf 13
   3.3 Bananen-Sojamilch 14
   3.4 Bandnudeln mit Blattspinat 15
   3.5 Bärlauch-Pesto 16
   3.6 Belugalinseneintopf mit Gemüse 17
   3.7 Bircher Müsli 18
   3.8 Bratapfel 18
   3.9 Brokkoli-Parmesan-Aufstrich auf Toastbrot 19
   3.10 Bunte toskanische Bohnensuppe 20
   3.11 Champignonreis 21
   3.12 Champignonsalat mit Kresse 22
   3.13 Couscous-Salat 22
   3.14 Dinkel mit Obst und Nüssen 23
   3.15 Erdbeer-Bananen-Mark 24
   3.16 Exotisches Linsengericht 25
   3.17 Fenchel-Kartoffel-Auflauf 26
   3.18 Fischsuppe mit Rosmarin 27
   3.19 Frühlingssalat 28
   3.20 Frühstück mit Käse 28
   3.21 Gegrillte Tomaten mit Käsefüllung 29
   3.22 Gegrillter Tofu mit Reisnudeln, Spinat und Zuckerschoten 30
   3.23 Gemüsenudeln mit Tomatensugo 31
   3.24 Gemüsereis 32
   3.25 Geröstete Hirse mit Pflaumenkompott 33
   3.26 Gerstenbratlinge 33

3.27	Gersten-Gemüse-Suppe	34
3.28	Getreide-Obst-Brei	35
3.29	Gewürzkuchen mit Datteln	36
3.30	Grießklößchensuppe	37
3.31	Grundrezept für eine Fischbrühe	37
3.32	Grundrezept für eine Hühnerbrühe (wärmend)	38
3.33	Grundrezept für eine nahrhafte Gemüsebrühe	39
3.34	Grundrezept für eine Reissuppe (Congee)	40
3.35	Grundrezept für eine Rinderbrühe (klar)	40
3.36	Hafer-Congee	41
3.37	Haferflocken mit aromatischen Gewürzen	42
3.38	Herzhafter Polentabrei	43
3.39	Herzhaftes Winterfrühstück	43
3.40	Honigmilch	44
3.41	Hühnersuppe mit Eigelb und Petersilie	44
3.42	Hüttenkäse mit gedünstetem Obst	45
3.43	Italienischer Champignonreis	46
3.44	Joghurt mit Honig und Nüssen	46
3.45	Kalte Kirschsuppe mit Quarkklößchen	47
3.46	Karotten-Hirse-Auflauf mit Apfelkompott	48
3.47	Karotten-Kartoffel-Rucola Brötchen	49
3.48	Karotten-Risotto	50
3.49	Karottenrohkost	51
3.50	Kartoffelcreme mit Kräuter-Frischkäse	51
3.51	Kartoffel-Gnocchi mit Gemüse und Basilikumsoße	52
3.52	Kartoffeln mit Bärlauch-Quark	53
3.53	Kartoffeln mit Quark-Soße	54
3.54	Kohlrabi in Kerbelsoße mit Kartoffeln	55
3.55	Kompott aus einheimischem Obst und Trockenfrüchten	56
3.56	Kürbisklößchen mit Tomaten-Petersiliensoße	56
3.57	Lachs auf Tomaten-Spinat	57
3.58	Lasagne mit Tofucreme	58
3.59	Lauch-Kartoffel-Gratin	59
3.60	Marinierter Kabeljau auf Kürbispüree	60
3.61	Nudel-Auflauf mit Quark und Pfirsichen	61
3.62	Nudelsuppe	62
3.63	Ofenkartoffeln mit Sellerie-Quark	63
3.64	Orientalische Reispfanne	64
3.65	Palatschinken mit Spinat und Parmesan	65
3.66	Paprika-Tomatenreis	66
3.67	Pikante Avocadocreme mit Hüttenkäse	67
3.68	Pikante Tofu-Gemüse-Pfanne	68
3.69	Putenbrust mit Gemüse (asiatisch)	69

3.70	Quarkknödel auf Erdbeermus	70
3.71	Reis-Congee mit Hühnerleber und Bocksdornfrüchten	71
3.72	Rhabarberkuchen mit Streuseln	71
3.73	Rinderkraftbrühe	72
3.74	Rotwein mit Eigelb	74
3.75	Rührei mit Blattsalat-Oliven-Tomaten	74
3.76	Rührei mit Rucola und Kräutern	75
3.77	Schnellpolenta mit Avocado und Frühlingszwiebel	76
3.78	Tee aus Rooibos	76
3.79	Tomaten mit Mozzarella	77
3.80	Ungarischer Reissalat	78
3.81	Vanillecreme mit Beeren	79
3.82	Vanillepudding	79
3.83	Weizengrießklößchen mit Olivenkräutersoße und Salat	80
3.84	Zucchini mit Basilikum-Pesto	81
3.85	Zuckererbsensuppe mit Garnelen	82
3.86	Zwetschgenkuchen	83
4	Wirkung der Lebensmittel	83
4.1	Zutaten verwenden: empfehlenswert	83
4.2	Zutaten verwenden: ja	84
4.3	Zutaten verwenden: wenig	90
4.4	Kontraindikativ wirkende Lebensmittel nicht verwenden	91
5	Komplementär	92
5.1	Dekokt (Abkochung)	92
5.1.1	Ingwer frisch	92
5.1.2	Wacholderbeeren	92
5.2	Fertiggetränk	93
5.2.1	Aronia (Apfelbeeren)	93
5.3	Heilbad	93
5.3.1	Bad mit Kamille	93
5.4	Heil-Tee (Aufguss)	93
5.4.1	Anis	93
5.4.2	Baldrian	94
5.4.3	Birkenblätter	94
5.4.4	Brennnessel Blätter	94
5.4.5	Pfefferminzblätter	94
5.4.6	Rooibos	95
5.5	Komplementäre Anwendung	95
5.5.1	Apitherapie	95
5.5.2	Einschlafkissen mit Hopfenzapfen	95
5.5.3	Qi-Gong	95
5.5.4	Vitamin D Präparate	96
5.5.5	Vitamin K2 Präparate	96

    5.6   Öl für Massage 96
        5.6.1   Arnika 96
    5.7   Pulver 97
        5.7.1   Acerola 97
    5.8   Speisezugabe 97
        5.8.1   Beifuß 97
    5.9   Verschiedene Möglichkeiten 97
        5.9.1   Bär-Lauch 97
        5.9.2   Koriander 98
        5.9.3   Meerrettich 98
        5.9.4   Rosskastanie 98
6   Grundlagen der Ernährung 99
    6.1   Ernährung 99
    6.2   Rezepte 101
    6.3   Lebensmittel 102
    6.4   Kräuter 103
7   Weitere Ernährungsvorschläge 104

1.1 Vorwort:

Die Weltgesundheitsorganisation (WHO) davon spricht, dass bis zu 80% der Erkrankungen durch äußere Faktoren wie Ernährung, Lebensstil, Umweltgifte und dergleichen beeinflusst werden.

Welche Faktoren also jeder einzelne von uns aktiv beeinflussen kann und somit seine Chancen auf Erhöhung der allgemein Gesundheit erzielen kann, darum geht es auf den folgenden Seiten.

Der Fokus in diesem Buch liegt auf dem Faktor mit der größten Hebelwirkung - der Ernährung.
Schon Hippokrates hat einst gesagt "Lass die Nahrung deine Medizin sein und Medizin deine Nahrung!" Kräuterpädagog:innen heute sagen so: "Es gibt für jede Krankheit das richtige Kraut."

Egal wie wir es drehen und wenden, wir sind was wir essen (und was unser Essen gegessen hat). Der moderne Mensch sieht sich gerne isoliert von seiner Umwelt. Wir entstehen aus unserer Umwelt, wir leben inmitten von ihr und wenn wir sterben gehen wir wieder in unsere Umwelt über. Während wir leben essen wir das, was in unserer Umwelt wächst (oder in Fabriken chemisch erzeugt wird). Diese Nahrung liefert die Energie und Bausteine, für den eigenen Körper, für den

Stoffwechsel, Zellerneuerung, den Hormonhaushalt und damit für unser gesamtes Sein, die Gesundheit und unser Empfinden.

Hhier ein paar Grundbausteine, bevor in dem Buch noch näher auf Ernährungsfaktoren eingegangen wird, die sozusagen der kleinste gemeinsame Nenner der meisten Ernährungsphilosophien sind:

- Saisonalität
    - Winterpflanzen, wie zum Beispiel verschiedene Kohlgewächse, versorgen uns mit Unmengen von Vitamin C und Bitterstoffen. Zwei Faktoren, die unser Immunsystem bei der Abwehr von der Kälte und den typischen Infekten in der Winterzeit unterstützen.
    - Sommerpflanzen wie zum Beispiel Gurken, Tomaten aber auch Zitrusfrüchte kühlen unseren aufgeheizten Körper und versorgen uns mit viel Wasser.
    - Außerdem müssen bei saisonalen Pflanzen weniger chemische Helferlein eingesetzt werden, da die passenden Umweltfaktoren das Wachstum sowieso fördern.
- Regionalität
    - Damit einher geht auch der Faktor der Regionalität. Regionale pflanzliche Lebensmittel werden reif geerntet und haben somit alle Nährstoffe entwickeln können. Im Gegensatz dazu wird Obst und Gemüse aus ferneren Ländern unreif geerntet und nur durch den Einsatz von chemischen Mitteln unnatürlich "nachgereift" - bzw. nur nach-gefärbt. Die Dichte der Nährstoffe und auch der Geschmack kann dabei niemals mit regionalen Lebensmitteln mithalten. (Sie haben es vielleicht schon selber erlebt, dass eine Südfrucht aus dem jeweiligen Ursprungsland dort im Urlaub viel süßer und vollmundiger schmeckt als die gleiche Frucht aus dem zentraleuropäischen Supermarkt).
- Pflanzenbasierte Ernährung
    - Ja, diese Basis teilen selbst die Anhänger der Fleischdiät mit den Veganern. Denn bei der Fleischdiät geht es auch um Fleisch von Tieren, die sich artgerecht, sprich von vielen Gräsern und Kräutern ernährt haben. Die Masse an Getreide in der heutigen Ernährung - egal ob bei Mensch oder Tier - entspricht nicht der natürlichen Ernährungsweise. Sie macht uns

krank, dick und manche behaupten sogar dumm (das weist auf die Schädigung der neuronalen Netzwerke hin, die durch den Konsum von Kohlenhydraten passiert hin). Pflanzen im Sinne von Gemüse, Kräutern, Salaten, Sprossen, in geringen Mengen Obst, Nüsse, Samen, etc. liefern neben den viel beschriebenen Vitaminen und Mineralstoffen vor allem sekundäre Pflanzenstoffe, die herausragende Heilwirkung haben. So werden eine Vielzahl unserer Medikamente auf Basis der natürlich vorkommenden Pflanzenstoffe nachgebaut. Allerdings sind da diverse Säuren und andere Wirkstoffe extrahiert und wirken nur alleine - mit den Pflanzen selbst nehmen wir sie in einer reichhaltigen und sich gegenseitig verstärkenden Kombination vielerlei wirksamer Stoffe zu uns.

Ja zusätzlich zu diesen 3 großen Punkten gibt es immer noch sehr viel zu beachten. Ein optimales Verhältnis von Omega 3 zu Omega 6 Fettsäuren (empfohlen wird 1:3), eine individuell und situationsbedingte Eiweißversorgung und so weiter.

Eine ganz gute und einfache Richtlinie für die alltägliche Ernährung bietet der ideale Teller. Der sieht so aus, dass möglichst jede Mahlzeit zur Hälfte aus pflanzlichen Bestandteilen besteht, ein Viertel der Eiweißversorgung dient und ein Viertel die Mahlzeit durch gute Fette und eventuell Kohlenhydrate abrundet.

Die Feinjustierung rund um die Zubereitungsarten, die Zusammenstellungen und so weiter sehe ich als sehr individuell an. Es gibt meines Erachtens nicht die 1 perfekte Ernährung. Es gibt so viele großartige Philosophien und Studien, die alle wunderbare Heilungen berichten und sich dabei aber gegenseitig ausschließen. Was auf den ersten Blick vielleicht paradox wirkt, eröffnet bei näherer Betrachtung ganz viele Möglichkeiten des Probierens und neuer Chancen.

Neben der Ernährung werden noch folgende Faktoren genannt:
- die Giftstoffbelastung in unserer Umwelt sowie in Pflegeprodukten oder eben in der Ernährung
- eine Balance aus Aktivität, (kurzzeitigem) Stress und der Entspannung wie auch Schlaf
- Aufarbeitung der emotionalen Wunden aus der Vergangenheit und Steigerung der Resilienz
- Biologische Zahnheilkunde

- eine optimierte Versorgung durch Heilkräuter, Heilpilze udgl.
- Früherkennung durch bewährte und schonende Verfahren

1.2 Beschreibung:

Die Ernährung älterer Menschen unterscheidet sich nicht grundlegend von der jüngerer Erwachsener. Das Essen wird zwar teilweise wegen verminderter Enzymproduktion und/oder schlechterer Resorption weniger ausgenutzt, aber es treten selten ernste Funktionsstörungen auf. Ein grundlegender Unterschied ist der höhere Eiweißbedarf von älteren Menschen, da die Regenerationsfähigkeit des Körpers stetig abnimmt.
Problematisch bei der Ernährung von Senioren ist eher der verminderte Geschmacks- und Geruchssinn, sowie Veränderungen des Sättigungsgefühls. Diese führen oft zu einer einseitigen und mangelhaften Ernährung der älteren Menschen. Diese kann jedoch auch durch dentale Probleme verursacht sein: Probleme beim Beißen und Kauen, Probleme mit Zahnprothesen. Auch psychische Belastungen, wie die zunehmende Vereinsamung der Senioren, tragen zu einer mangelhaften Ernährung bei.

1.3 Therapiestrategie

Im Alter ändert sich der Stoffwechsel. Aufgrund der geringeren Muskelmasse und eines höheren Fettanteils im Körper sinkt der tägliche Energieverbrauch im Alter. Im Vergleich brauchen Senioren rund 200 bis 300 weniger Kalorien pro Tag, dafür aber Lebensmittel mit einer höheren Nährstoffdichte. Im Alter können sich Unverträglichkeiten gegenüber Nahrungsmitteln entwickeln, welche man unbedingt berücksichtigen muss. Sollten häufig Magen-Darm-Beschwerden, wie Durchfall und Blähungen, aber auch Kopfschmerzen nach dem Essen bestimmter Lebensmittel haben, können dies mögliche Hinweise für eine Unverträglichkeit sein. Daher sollten Sie dies mit ihrem Ernährungsberater besprechen und einen Ernährungsplan erstellen, mit dem Sie sich ausgewogen ernähren und die Intoleranz bestmöglich vermeiden.
Mageres Fleisch und magerer Fisch, Milch und Milchprodukte, z. B. fettarme Milch, Joghurt, Kefir, Dickmilch, Molke, Quark, Hüttenkäse, magere Käsesorten, Eier, Sojaprodukte, wie Tofu Hülsenfrüchte, Kartoffeln (in Kombination mit Eiern), kaltgepresste Pflanzenöle (Olivenöl, Sonnenblumenöl, Distelöl), Vollkornprodukte.

Ausreichend Flüssigkeit ist lebensnotwendig.

1.4 Vermeiden

Einseitige Ernährung, große Malzeiten, kalorienarme vitaminarme Speisen (wenn kein Übergewicht). Krümelige und trockene Speisen wenn ein Zahnprothesen vorhanden sind. Entwässernde Lebensmitten vermeiden, wenn ein gemindertes bzw. gestörtes Durstempfinden vorhanden ist. Vermeiden Sie gesüßte Getränken wie Eistee oder Limonade wegen dem hohen Zuckergehalt.

---

2 Speiseplan

Kkal. p. Portion

2.1 Frühstück

Adzukibohnen-Reis-Suppe	199,4
Bananen-Sojamilch	125,8
Bircher Müsli	384,0
Brokkoli-Parmesan-Aufstrich auf Toastbrot	148,0
Bunte toskanische Bohnensuppe	249,0
Couscous-Salat	338,2
Dinkel mit Obst und Nüssen	289,7
Frühstück mit Käse	512,1
Geröstete Hirse mit Pflaumenkompott	139,3
Gerstenbratlinge	398,0
Gersten-Gemüse-Suppe	281,3
Getreide-Obst-Brei	175,0
Gewürzkuchen mit Datteln	807,7
Hafer-Congee	162,1
Haferflocken mit aromatischen Gewürzen	280,6
Herzhafter Polentabrei	262,0
Herzhaftes Winterfrühstück	678,0
Hüttenkäse mit gedünstetem Obst	214,5
Joghurt mit Honig und Nüssen	258,0
Karotten-Risotto	308,5
Kartoffelcreme mit Kräuter-Frischkäse	217,0
Kompott aus einheimischem Obst und Trockenfrüchten	45,0
Pikante Avocadocreme mit Hüttenkäse	613,8
Quarkknödel auf Erdbeermus	553,3
Rhabarberkuchen mit Streuseln	475,8

Rührei mit Blattsalat-Oliven-Tomaten 419,7
Rührei mit Rucola und Kräutern 360,0
Schnellpolenta mit Avocado und Frühlingszwiebel 449,5
Ungarischer Reissalat 421,5
Vanillepudding 254,7
Zwetschgenkuchen 502,5

2.2 Jause

Gewürzkuchen mit Datteln 807,7
Karotten-Kartoffel-Rucola Brötchen 94,0
Karottenrohkost 74,0
Rhabarberkuchen mit Streuseln 475,8
Zwetschgenkuchen 502,5

2.3 Mittag

Adzukibohnen-Reis-Suppe 199,4
Andalusischer Fischtopf 348,0
Bananen-Sojamilch 125,8
Bandnudeln mit Blattspinat 722,8
Bärlauch-Pesto 795,5
Belugalinseneintopf mit Gemüse 201,5
Bircher Müsli 384,0
Bratapfel 408,0
Bunte toskanische Bohnensuppe 249,0
Champignonreis 410,0
Champignonsalat mit Kresse 220,0
Couscous-Salat 338,2
Exotisches Linsengericht 143,8
Fenchel-Kartoffel-Auflauf 147,0
Fischsuppe mit Rosmarin 271,3
Frühlingssalat 162,0
Gegrillte Tomaten mit Käsefüllung 469,5
Gegrillter Tofu mit Reisnudeln, Spinat und Zuckerschoten 327,3
Gemüsenudeln mit Tomatensugo 561,8
Gemüsereis 303,8
Geröstete Hirse mit Pflaumenkompott 139,3
Gerstenbratlinge 398,0
Gersten-Gemüse-Suppe 281,3
Getreide-Obst-Brei 175,0
Grießklößchensuppe 287,0
Hafer-Congee 162,1
Herzhafter Polentabrei 262,0

Hühnersuppe mit Eigelb und Petersilie 117,8
Hüttenkäse mit gedünstetem Obst 214,5
Italienischer Champignonreis 256,6
Joghurt mit Honig und Nüssen 258,0
Kalte Kirschsuppe mit Quarkklößchen 320,4
Karotten-Hirse-Auflauf mit Apfelkompott 349,7
Karotten-Kartoffel-Rucola Brötchen 94,0
Karotten-Risotto 308,5
Kartoffelcreme mit Kräuter-Frischkäse 217,0
Kartoffel-Gnocchi mit Gemüse und Basilikumsoße 166,8
Kartoffeln mit Bärlauch-Quark 254,3
Kartoffeln mit Quark-Soße 413,7
Kohlrabi in Kerbelsoße mit Kartoffeln 187,7
Kompott aus einheimischem Obst und Trockenfrüchten 45,0
Kürbisklößchen mit Tomaten-Petersiliensoße 380,5
Lachs auf Tomaten-Spinat 364,8
Lasagne mit Tofucreme 300,5
Lauch-Kartoffel-Gratin 368,6
Marinierter Kabeljau auf Kürbispüree 201,6
Nudel-Auflauf mit Quark und Pfirsichen 442,4
Ofenkartoffeln mit Sellerie-Quark 304,0
Orientalische Reispfanne 303,1
Palatschinken mit Spinat und Parmesan 329,7
Paprika-Tomatenreis 291,3
Pikante Avocadocreme mit Hüttenkäse 613,8
Pikante Tofu-Gemüse-Pfanne 241,4
Putenbrust mit Gemüse (asiatisch) 535,0
Quarkknödel auf Erdbeermus 553,3
Reis-Congee mit Hühnerleber und Bocksdornfrüchten 175,8
Rinderkraftbrühe 124,8
Rotwein mit Eigelb 242,5
Rührei mit Blattsalat-Oliven-Tomaten 419,7
Rührei mit Rucola und Kräutern 360,0
Schnellpolenta mit Avocado und Frühlingszwiebel 449,5
Tomaten mit Mozzarella 436,2
Ungarischer Reissalat 421,5
Weizengrießklößchen mit Olivenkräutersoße und Salat 244,8
Zucchini mit Basilikum-Pesto 467,7
Zuckererbsensuppe mit Garnelen 215,4

2.4 Nachmittag

Gewürzkuchen mit Datteln 807,7

Karotten-Kartoffel-Rucola Brötchen 94,0
Karottenrohkost 74,0
Rhabarberkuchen mit Streuseln 475,8
Schnellpolenta mit Avocado und Frühlingszwiebel 449,5
Vanillepudding 254,7

2.5 Abend

Adzukibohnen-Reis-Suppe 199,4
Andalusischer Fischtopf 348,0
Bandnudeln mit Blattspinat 722,8
Belugalinseneintopf mit Gemüse 201,5
Bircher Müsli 384,0
Champignonsalat mit Kresse 220,0
Exotisches Linsengericht 143,8
Fenchel-Kartoffel-Auflauf 147,0
Fischsuppe mit Rosmarin 271,3
Geröstete Hirse mit Pflaumenkompott 139,3
Gersten-Gemüse-Suppe 281,3
Grießklößchensuppe 287,0
Hafer-Congee 162,1
Herzhafter Polentabrei 262,0
Honigmilch 88,0
Karotten-Risotto 308,5
Kartoffel-Gnocchi mit Gemüse und Basilikumsoße 166,8
Kohlrabi in Kerbelsoße mit Kartoffeln 187,7
Kompott aus einheimischem Obst und Trockenfrüchten 45,0
Kürbisklößchen mit Tomaten-Petersiliensoße 380,5
Lasagne mit Tofucreme 300,5
Marinierter Kabeljau auf Kürbispüree 201,6
Nudelsuppe – auch für Babys ab 10. Monat 236,8
Ofenkartoffeln mit Sellerie-Quark 304,0
Orientalische Reispfanne 303,1
Palatschinken mit Spinat und Parmesan 329,7
Paprika-Tomatenreis 291,3
Pikante Tofu-Gemüse-Pfanne 241,4
Reis-Congee mit Hühnerleber und Bocksdornfrüchten 175,8
Rinderkraftbrühe 124,8
Rotwein mit Eigelb 242,5
Weizengrießklößchen mit Olivenkräutersoße und Salat 244,8
Zuckererbsensuppe mit Garnelen 215,4

3 Rezepte

empfehlenswert = Sie können mehr verwenden
wenig = wenn möglich weniger verwenden
weniger als angegeben = möglichst nicht verwenden

3.1 Adzukibohnen-Reis-Suppe

Stärkt Milz, Herz, Nieren und Magen, harntreibend, fördert Durchblutung, lindert Entzündungen.

Anzahl Portionen: 1
Kalorien p. Portion 199
Gramm p. Portion 268
Kochdauer ca. 2 Sunden
Allergene:
(Kohlehydrat:78,84% / Eiweiß & Fett:21,16%)
100g.≈ Eiweiß 10,03g. Fett:0,92g.
µg. - Ph:24,84 Na:1,7 Ka:12,6 Mg:12,64 Ca:14,1 Fe:0,96 Zn:0,2 Col.:0 Hsr.:39,55

Zutaten:
Adzukibohnen 8 EL / 40g. (ja)
Reis Rundkornreis 2 EL / 20g. (ja)
Wasser 2 Tassen / 200g. (ja)
Honig 1 EL / 8g. (ja)

Kochanleitung:
Eingeweichte Adzukibohnen und Rundkornreis im Verhältnis 4:1 so lange bei kleiner Hitze in Wasser kochen, bis ein dünner Brei entstanden ist. Nach Bedarf süßen und eventuell pürieren. Wirkung: Dieses Rezept kräftigt Nieren, Milz und Magen und ist besonders für Mütter mit zu wenig Milchfluss geeignet.

3.2 Andalusischer Fischtopf

Stärkt Immunsystem, beugt Krebs vor, löst Stagnation, fördert Gewichtsabnahme, regt Appetit an. Gut bei Abwehrschwäche, Appetitlosigkeit, Blähungen, Bluthochdruck, Depressionen, Diabetes, Durchfall.

Anzahl Portionen: 4
Kalorien p. Portion 348
Gramm p. Portion 355,05
Kochdauer ca. 30 Min.
Allergene: ADLO
(Kohlehydrat:71,39% / Eiweiß & Fett:28,61%)
100g.≈ Eiweiß 20,04g. Fett:6,52g.
µg. - Ph:15,55 Na:20,18 Ka:34,69 Mg:13,44 Ca:42,9 Fe:0,13 Zn:0,02 Col.:0,79 Hsr.:9,89

Zutaten:
Grundrezept für eine Gemüsebrühe nahrhaft 500 ml. / 500g. (ja)
Zwiebel Frühlingszwiebel 2 Stück / 40g. (ja)
Olivenöl 1 EL / 20g. (ja)
Zitrone Schale 1/2 Stück / 3g. (ja)
Lorbeerblatt 1 Stück / 1g. (ja)
Kartoffel 200 g / 200g. (ja)
Kabeljau 300 g. / 300g. (empfehlenswert)
Weißwein 4 EL / 80g. (wenig)
Zitrone Saft 1/2 EL / 10g. (ja)
Salz 1 Prise / 1g. (wenig)
Pfeffer gemahlen 1 Prise / 0,2g. ()
Petersilie 1 EL / 15g. (ja)
Weißbrot (Weizenbrot) 8 Scheiben / 250g. (wenig)

Kochanleitung:
Gemüsebrühe mit kleingeschnittenen Frühlingszwiebeln, Olivenöl, abgeriebener Zitronenschale und Lorbeerblatt zum Kochen bringen und zugedeckt 10 Min. kochen. Geschälte, kleingewürfelte Kartoffeln zufügen und in ca. 8 Min. fast weich kochen. Fischstücke und Weißwein zugeben und den Herd auf kleine Stufe schalten. In der leicht kochenden Brühe den Fisch in wenigen Minuten gar ziehen lassen. Mit Zitronensaft, Salz und Pfeffer abschmecken und mit Petersilie bestreut servieren. Als Beilage Weißbrot dazu reichen.

3.3 Bananen-Sojamilch

Gut bei Appetitlosigkeit, Mundschleimhautentzündung. Stärkt Körperenergie, fördert Verdauung, lindert Schmerzen, entgiftet, bakterizid.

Anzahl Portionen: 2
Kalorien p. Portion 126
Gramm p. Portion 263
Kochdauer ca. 5 Min.
Allergene: E
(Kohlehydrat:59,53% / Eiweiß & Fett:40,47%)
100g.≈ Eiweiß 7,49g. Fett:4,14g.
µg. - Ph:21,94 Na:251,11 Ka:110,08 Mg:13,31 Ca:9,78 Fe:0,4 Zn:0,11 Col.:0 Hsr.:33,68

Zutaten:
Banane 1 Stück / 120g. (ja)
Sojabohnenmilch 400 ml. / 400g. (ja)
Honig 1 TL / 3g. (ja)
Zimtpulver 1 Prise / 1g. (ja)
Acerola Fruchtnektar oder Pulver 1 TL / 2g. (ja)

Kochanleitung:
Banane in Stücke schneiden, mit Sojamilch, Acerola, Honig und Zimt mit dem Mixstab pürieren.

3.4 Bandnudeln mit Blattspinat

Fördert Verdauung und Durchblutung, stärkt Magen und Darm, verbessert Bauchspeicheldrüsenfunktion. Gut bei Appetitlosigkeit, Blähungen, Darmentzündungen, Fettsucht, Magengeschwüren, Magenkrämpfen, Rheuma, Sodbrennen, Zwölffingerdarmgeschwüren.

Anzahl Portionen: 2
Kalorien p. Portion 723
Gramm p. Portion 317,5
Kochdauer ca. 45 Min.
Allergene: ACG
(Kohlehydrat:59,52% / Eiweiß & Fett:40,48%)
100g.≈ Eiweiß 22,78g. Fett:36,63g.
µg. - Ph:63,29 Na:34,15 Ka:107,6 Mg:22,1 Ca:56,13 Fe:0,98 Zn:0,22 Col.:8,06 Hsr.:39,35

Zutaten:
Spinat 250 g. / 250g. (ja)
Salz 1 Prise / 1g. (wenig)
Nudeln (Weizen, Bandnudeln) mit Ei 200 g. / 200g. (ja)
Olivenöl 1 EL / 15g. (ja)
Zwiebel Frühlingszwiebel 1 Stück / 20g. (ja)
Sahne, süß 30% 100 ml. / 100g. (wenig)
Creme fraîche 1/2 EL / 6g. (ja)
Thymian getrocknet 1/2 TL / 2g. (ja)
Basilikum (frisch) 1/2 TL / 2g. (ja)
Oregano getrocknet 1/2 TL / 2g. (ja)
Muskatnuss 1 Prise / 0,5g. (ja)
Pfeffer gemahlen 1 Prise / 0,5g. ()
Parmesan 20 g. / 20g. (ja)
Pinienkerne 1 EL / 15g. (ja)
Schwarzkümmel 1 Prise / 1g. (ja)

Kochanleitung:
In einem geschlossenen Topf den tropfnassen Spinat mit etwas Salz 3 Min. zusammenfallen und in einem Sieb abtropfen lassen. Danach fein schneiden. Bandnudeln in reichlich Salzwasser bissfest kochen. Öl in einer beschichteten Pfanne erhitzen und in Ringe geschnittene Jungzwiebeln darin weich dünsten. Sahne, Crème fraîche, Thymian, Basilikum, Oregano und Muskat dazugeben. Die Soße unter Rühren etwas einkochen lassen, Spinat untermischen und kurz erhitzen und mit

Muskat, Salz und Pfeffer abschmecken. Nudeln abgießen und abtropfen lassen und mit dem Spinat vermischen. Bei Bedarf mit Salz und Pfeffer nachwürzen. Nudeln portionieren und mit Parmesan und Pinienkernen anrichten. Den Schwarzkümmel drüberstreuen.

3.5 Bärlauch-Pesto

Verbessert die Fließeigenschaften des Blutes, hat hohen Vitamin-C-Gehalt, reinigt Magen und Blut, gut bei Arteriosklerose und Bluthochdruck.

Anzahl Portionen: 2
Kalorien p. Portion 796
Gramm p. Portion 165,65
Kochdauer ca. 10 Min.
Allergene: G
(Kohlehydrat:4,31% / Eiweiß & Fett:95,69%)
100g.≈ Eiweiß 14,02g. Fett:82,66g.
µg. - Ph:81,99 Na:64,48 Ka:108,53 Mg:26,4 Ca:78,93 Fe:1,31 Zn:0,29 Col.:1,95 Hsr.:2,53

Zutaten:
Bärlauch (Knoblauchspinat) 125 g. / 125g. (ja)
Parmesan 30 g. / 30g. (ja)
Pinienkerne 50 g. / 50g. (ja)
Olivenöl 125 g. / 125g. (ja)
Salz 1 Prise / 1g. (wenig)
Pfeffer gemahlen 1 Prise / 0,3g. ()

Kochanleitung:
Frischer Bärlauch: Bärlauchblätter waschen, vorsichtig abtrocknen und in feine Streifen schneiden. Getrockneter Bärlauch: ca. 80 g in 40 ml Wasser 10 Min. quellen lassen. Pinienkerne vorsichtig hellbraun anrösten und mit einem großen Messer sehr fein schneiden oder in einer Mühle reiben. Einige der Kerne zum Garnieren aufheben. Alle Zutaten in ein hohes Gefäß geben und mit einem Mixstab zerkleinern und vermischen. Das Pesto in eine Schüssel oder in ein Glas füllen und im Kühlschrank aufbewahren (Tage bis Wochen haltbar). Man kann Bärlauch-Pesto als Soße zu Spaghetti essen; es schmeckt aber auch zu Kartoffeln oder auf Brot sehr gut.

3.6 Belugalinseneintopf mit Gemüse

Fördert Schwitzen, löst Stagnation, lindert Verstopfung, fördert Verdauung, produziert Muttermilch, regt Nerven an, entgiftet, lindert Entzündungen, verbessert Durchblutung, stärkt Herz und Nieren, harntreibend, beruhigt den Magen.

Anzahl Portionen: 5
Kalorien p. Portion 202
Gramm p. Portion 361,64
Kochdauer ca. 20 min.
Allergene:
(Kohlehydrat:50,85% / Eiweiß & Fett:49,15%)
100g.≈ Eiweiß 5,72g. Fett:8,35g.
µg. - Ph:7,14 Na:11,6 Ka:38,6 Mg:4,01 Ca:9,32 Fe:0,2 Zn:0,01 Col.:0,02 Hsr.:8,3

Zutaten:
Linsen (Helmbohnen) 2 Tassen / 240g. (empfehlenswert)
Wasser 4-5 Tassen / 500g. (ja)
Karotte (Mohrrübe, Möhre) 3 Stück / 150g. (empfehlenswert)
Lauch (Porree) 1 Stück / 300g. (ja)
Kohlrabi 1/2 Stück / 200g. (empfehlenswert)
Tomate 2 Stück / 80g. (empfehlenswert)
Zwiebel weiss 1 Stück / 50g. (ja)
Lorbeerblatt 2 Blatt / 1g. (ja)
Fenchel 1 Stück / 250g. (empfehlenswert)
Sternanis 2 Stück / 1g. (ja)
Wacholderbeere 6 Stück / 2g. (empfehlenswert)
Chili (Schote oder gemahlen) 1 Prise / 0,2g. (ja)
Olivenöl 3 EL / 30g. (ja)
Salz 1 Prise / 1g. (wenig)
Ingwer frisch 1/2 TL / 2g. (empfehlenswert)
Schwarzkümmel 1 Prise / 1g. (ja)

Kochanleitung:
Die kleingeschnittene Zwiebel in einem Topf in Öl anbraten. Gewürfeltes Gemüse, Gewürze, Linsen (gut gewaschen) und Salz zugeben. Mit kaltem Wasser ausreichend (3 fingerbreit) bedeckt 20 Min. auf kleiner Stufe kochen. Mit frischen Kräutern und Schwarzkümmel bestreut servieren. Passt sehr gut zu Reis!

3.7 Bircher Müsli

Ballaststoffreich, verdauungsregulierend, lindert Verstopfung, stärkt Magen und Abwehrkraft, fördert Gewichtsabnahme, gut bei Abwehrschwäche und Appetitlosigkeit.

Anzahl Portionen: 1
Kalorien p. Portion 384
Gramm p. Portion 311
Kochdauer ca. 2 Stunden
Allergene: AGH
(Kohlehydrat:69,38% / Eiweiß & Fett:30,62%)
100g.≈ Eiweiß 9,57g. Fett:13,23g.
µg. - Ph:87,92 Na:21,96 Ka:193,37 Mg:28,41 Ca:51,47 Fe:0,78 Zn:0,5 Col.:3,6 Hsr.:26,51

Zutaten:
Müsli 2 EL / 20g. (empfehlenswert)
Hafer Flocken (Vollkorn) 2 EL / 20g. (empfehlenswert)
Joghurt (natur, 3,5 % Fett) 6 EL / 80g. (ja)
Zitrone 1 EL / 10g. (ja)
Acerola Fruchtnektar oder Pulver 1/2 TL / 1g. (ja)
Apfel (sauer) 1 Stück / 170g. (empfehlenswert)
Haselnüsse 1 EL / 10g. (ja)

Kochanleitung:
Haferflocken in Joghurt einrühren und für einige Stunden (oder über Nacht) in den Kühlschrank stellen. Zum Süßen können Rosinen mit dazu gegeben werden. Dann die geriebenen Nüsse, den Zitronensaft, Acerola und geriebenen Apfel untermengen.

3.8 Bratapfel

Gut bei akuter oder chronischer Verstopfung, erwärmt Magen und Milz, fördert Durchblutung. Gut bei Magenschmerzen, Verdauungsstörungen, Nierenschwäche, Rücken- und Bauchschmerzen, Impotenz, Nierenschwäche.

Anzahl Portionen: 4
Kalorien p. Portion 408
Gramm p. Portion 353,5
Kochdauer ca. 30 Min.
Allergene: GH
(Kohlehydrat:51% / Eiweiß & Fett:49%)
100g.≈ Eiweiß 11,89g. Fett:22,21g.
µg. - Ph:5,08 Na:1,79 Ka:11,92 Mg:1,37 Ca:5,71 Fe:0,03 Zn:0,03 Col.:4,65 Hsr.:0,51

Zutaten:
Apfel (sauer) 4 Stück / 500g. (empfehlenswert)
Haselnüsse 50 g. / 50g. (ja)
Mandeln 50 g. / 50g. (ja)
Zimtpulver 1 Prise / 0,2g. (ja)
Vanillezucker natur 1 Paket / 3g. (ja)
Kuhmilch (Vollmilch 3,5 % Fett) 2 EL / 24g. (ja)
Zucker (Staubzucker) 3 EL / 36g. (wenig)
Zimtpulver 1 Prise / 1g. (ja)

Kochanleitung:
Die Äpfel waschen, einen Deckel abkappen, Kerngehäuse mit einem Teelöffel ausstechen, so dass unten der Apfel dicht bleibt. Nüsse, Mandelstifte, Fruchtzucker, Milch, Vanillezucker und Zimt gut vermengen und die Masse in die Äpfel füllen. Die Deckel wieder aufsetzen. Im vorgeheizten Backofen bei 180 Grad ca. 20 Min. backen. Staubzucker und Zimt mischen, Vanille-Joghurt auf Teller verteilen, jeweils 1 Bratapfel darauf setzen, mit Zimt-Staubzuckermischung bestreuen und sofort heiß servieren!

3.9 Brokkoli-Parmesan-Aufstrich auf Toastbrot

Fördert Blutgerinnung, Schilddrüsenfunktion und Eigenaufbau von Vitamin B12. Immun- und abwehrsteigernd, löst Stagnation. Gut bei Aufstoßen, Diabetes, akuter oder chronischer Verstopfung, Appetitlosigkeit.

Anzahl Portionen: 2
Kalorien p. Portion 148
Gramm p. Portion 170,5
Kochdauer ca. 15 Min.
Allergene: AG
(Kohlehydrat:29% / Eiweiß & Fett:71%)
100g.≈ Eiweiß 12,1g. Fett:11,33g.
µg. - Ph:34,79 Na:27,37 Ka:60,2 Mg:5,76 Ca:40,04 Fe:0,24 Zn:0,19 Col.:1,88 Hsr.:6,09

Zutaten:
Brokkoli 200 g / 200g. (empfehlenswert)
Topfen (Quark) 20% 80 g. / 80g. (empfehlenswert)
Joghurt (natur, 1,5 % Fett) 1 EL / 10g. (empfehlenswert)
Parmesan 2 EL / 15g. (ja)
Zitrone Schale 1/2 TL / 1g. (ja)

Basilikum (frisch) 1 EL / 5g. (ja)
Lauchzwiebel Schnittlauch 1 EL / 5g. (ja)
Salz 1 Prise / 1g. (wenig)
Pfeffer gemahlen 1 Prise / 0,3g. ()
Toastbrot (Vollkorn) 6 Scheiben / 24g. (ja)

Kochanleitung:
Brokkoli zugedeckt in einem Siebeinsatz über Wasserdampf in 8 Min. bissfest garen und fein hacken. Quark, Joghurt, Parmesan und Zitronenschale gut verrühren und mit dem Brokkoli, Basilikum und Schnittlauch vermischen. Den Aufstrich mit Salz und Pfeffer abschmecken und auf dem knusprig getoasteten Brot servieren.

3.10 Bunte toskanische Bohnensuppe

Fördert Verdauung, hilft Fett zu verdauen, harntreibend, senkt Blutdruck und beruhigt den Magen.
Anzahl Portionen: 3
Kalorien p. Portion 249
Gramm p. Portion 256
Kochdauer ca.   2 Stunden
Allergene: L
(Kohlehydrat:38% / Eiweiß & Fett:62%)
100g.≈ Eiweiß 6,91g. Fett:17,64g.
µg. - Ph:1,92 Na:0,64 Ka:6,57 Mg:1,02 Ca:1,91 Fe:0,4 Zn:0,03 Col.:0,01 Hsr.:3,71

Zutaten:
Nierenbohnen (rote) 50 g. / 50g. (ja)
Kichererbsen 25 g. / 25g. (ja)
Linsen (Helmbohnen) 25 g. / 25g. (empfehlenswert)
Sellerie Stangensellerie 1 Stange / 10g. (empfehlenswert)
Tomate 2 Stück / 100g. (empfehlenswert)
Fenchelsamen gemahlen 1/2 TL / 1g. (ja)
Salz 1 Prise / 1g. (wenig)
Pfeffer gemahlen 1 Prise / 0,5g. ()
Knoblauch 1 Zehe / 3g. (ja)
Olivenöl 3 EL / 50g. (ja)
Wasser 600 ml. / 500g. (ja)
Basilikum (frisch) 5-7 Blätter / 3g. (ja)

Kochanleitung:
Hülsenfrüchte einweichen, kochen und pürieren. Gemüse, Gewürze, Kräuter und Öl zugeben und alles 2 Std. leicht garen. Variante: Esskastanien (Maronen) geben dem Gericht noch eine speziell italienische Note.

3.11 Champignonreis

Stärkt Nieren, ist harntreibend, erwärmt den Körper von innen, erweitert die Gefäße, stärkt die Muskeln, fördert die Verdauung, kuriert Bluthochdruck, löst Stagnation, fördert Gewichtsabnahme. Gut bei Abwehrschwäche und Appetitlosigkeit.

Anzahl Portionen: 2
Kalorien p. Portion 410
Gramm p. Portion 341
Kochdauer ca. 30 Min.
Allergene: L
(Kohlehydrat:89% / Eiweiß & Fett:11%)
100g.≈ Eiweiß 10,01g. Fett:3,44g.
µg. - Ph:30,31 Na:3,54 Ka:32,26 Mg:27,24 Ca:62,74 Fe:0,37 Zn:0,16 Col.:0 Hsr.:12,22

Zutaten:
Zwiebel weiss 1 Stück / 50g. (ja)
Lorbeerblatt 2 Stück / 1g. (ja)
Nelke 2 Stück / 1g. (ja)
Grundrezept für eine Gemüsebrühe nahrhaft 400 g. / 350g. (ja)
Reis Vollkorn 200 g / 200g. (empfehlenswert)
Champignon 60 g. / 60g. (ja)
Petersilie 20 g. / 20g. (ja)
Pfeffer gemahlen 1 Prise / 0,2g. ()

Kochanleitung:
Die Nelken in die Zwiebel stecken, die Gemüsebrühe mit der Zwiebel und den Lorbeerblättern zum Kochen bringen und den Reis in die kochende Flüssigkeit geben. Temperatur auf die kleinste Stufe zurückschalten und mit geschlossenem Deckel 20-25 Min. garziehen lassen. In der Zwischenzeit die Champignons putzen, in Scheiben schneiden, mit wenig Wasser kurz andünsten oder anbraten. Die Petersilie waschen und fein hacken. Aus dem fertigen Reis die Zwiebel herausnehmen, die Champignons und die Petersilie hinzugeben und mit Pfeffer und Salz abschmecken.

3.12 Champignonsalat mit Kresse

Fördert die Durchblutung und die Verdauung, kuriert Bluthochdruck und Appetitlosigkeit.

Anzahl Portionen: 1
Kalorien p. Portion 220
Gramm p. Portion 312
Kochdauer ca. 5 Min.
Allergene: AN
(Kohlehydrat:56% / Eiweiß & Fett:44%)
100g.≈ Eiweiß 9,74g. Fett:7,08g.
µg. - Ph:105,24 Na:37,35 Ka:366,67 Mg:14,25 Ca:19,03 Fe:1,08 Zn:0,41 Col.:0,02 Hsr.:60,22

Zutaten:
Champignon 250 g. / 250g. (ja)
Sesamöl 2 EL / 6g. (empfehlenswert)
Pfeffer gemahlen 1 Prise / 0,5g. ()
Salz 1 Prise / 1g. (wenig)
Zitrone 1/2 Stück / 15g. (ja)
Paprika (Rosenpaprikapulver) 2 Prisen / 0,1g. (ja)
Kresse 2 EL / 10g. (ja)
Weißbrot (Weizenbrot) 2 Scheiben / 30g. (wenig)

Kochanleitung:
Champignons feinblättrig schneiden. Dressing: Sesamöl, etwas gemahlenen Pfeffer, Salz, reichlich Zitronensaft und Rosenpaprika gut verrühren. Über die fein geschnittenen Champignons geben und reichlich Kresse untermengen. Dazu passt: Weißbrot, Rundkornreis oder Quinoa. Zusammen mit dem Getreide ergibt der Salat eine einfache und leichte Mahlzeit.

3.13 Couscous-Salat

Bakterizid, beugt Krebs vor, stärkt Magensaftproduktion, fördert Verdauung, regt Leberfunktion an, senkt Blutdruck, stärkt Immunsystem, reduziert Strahlenverletzungen, harntreibend.

Anzahl Portionen: 3
Kalorien p. Portion 338
Gramm p. Portion 285,67
Kochdauer ca. 25 Min.
Allergene: A
(Kohlehydrat:75,44% / Eiweiß & Fett:24,56%)
100g.≈ Eiweiß 12,22g. Fett:7,11g.
µg. - Ph:15,3 Na:17,27 Ka:83,68 Mg:6,5 Ca:21,3 Fe:0,46 Zn:0,07 Col.:0 Hsr.:13,69

Zutaten:
Wasser 250 ml. / 100g. (ja)
Olivenöl 1 EL / 15g. (ja)
Couscous 200 g / 200g. (ja)
Zitrone Saft 3 EL / 30g. (ja)
Zitrone Schale 1 TL / 2g. (ja)
Tomate 2 Stück / 80g. (empfehlenswert)
Gurke 100 g. / 100g. (empfehlenswert)
Karotte (Mohrrübe, Möhre) 100 g. / 100g. (empfehlenswert)
Petersilie 1 Bund / 100g. (ja)
Lauchzwiebel Schnittlauch 1 Bund / 100g. (ja)
Pfefferminze 3 Äste / 30g. (ja)

Kochanleitung:
In einem kleinen Topf 250 ml Wasser mit Salz und 1 EL Olivenöl zum Kochen bringen. Couscous einrühren, vom Herd nehmen und zugedeckt 5 Min. quellen lassen. Couscous zurück auf den Herd stellen und bei milder Hitze weitere ca. 2 Min. unter ständigem leichten Rühren ziehen lassen. Eventuell noch 1-3 EL heißes Wasser untermischen. Couscous mit Zitronensaft, kleingehackter Zitronenschale und 1 EL Öl vermischen, mit Salz und Pfeffer abschmecken und etwas durchziehen lassen. Couscous mit gewürfelten Tomaten und Gurken, geriebenen Karotten, Petersilie, Schnittlauch und Minze (fein gehackt) vermischen. Couscous-Salat mit Zitronensaft, Salz und Pfeffer abschmecken.

3.14 Dinkel mit Obst und Nüssen

Regt Appetit an, stoppt Durchfall, fördert Verdauung, lindert Müdigkeit, schützt vor Tumorleiden und Leukämie, wirkt förderlich bei Lebensmittelallergien, ist stoffwechselregulierend, senkt Blutzucker und Cholesterin, entzündungshemmend im Magen-Darm-Trakt.

Anzahl Portionen: 3
Kalorien p. Portion   289
Gramm p. Portion   286,33
Kochdauer ca.   1 1/2 Stunden
Allergene: AH
(Kohlehydrat:76% / Eiweiß & Fett:24%)
100g.≈ Eiweiß 8,64g. Fett:6,67g.
µg. - Ph:9,7 Na:8,81 Ka:25,53 Mg:3,53 Ca:2,83 Fe:0,14 Zn:0,02 Col.:0 Hsr.:2,96

Zutaten:
Dinkel 1 Tasse / 120g. (ja)
Wasser 1 Tasse / 50g. (ja)
Apfel (süß) 1 Stück / 220g. (empfehlenswert)
Aprikose 1 Stück / 200g. (ja)
Pfirsich 1 Stück / 120g. (empfehlenswert)
Zimtpulver 1 Prise / 1g. (ja)
Kardamom 1 Prise / 1g. (ja)
Salz 1 Prise / 1g. (wenig)
Erdbeere 1 Tasse / 120g. (empfehlenswert)
Mandelmus 1 EL / 15g. (ja)
Kakao 1 Prise / 1g. (ja)
Walnüsse 1 EL / 10g. (empfehlenswert)

Kochanleitung:
Dinkel in heißem Wasser aufsetzen und gar kochen. Danach: Süßes, kleingeschnittenes Obst (Äpfel, Aprikosen, Pfirsiche) in wenig heißem Wasser mit etwas Zimt kurz andünsten. Gemahlenen Kardamom und/oder Koriander, eine kleine Prise Salz, den gekochten Dinkel und evtl. Erdbeeren (nach Jahreszeit) dazugeben und erhitzen. Mit Kakao und gerösteten Nüssen überstreuen.

3.15 Erdbeer-Bananen-Mark

Reguliert Magen-Darm-Funktion, fördert Verdauung.
Anzahl Portionen: 10
Kalorien p. Portion   30
Gramm p. Portion   47
Kochdauer ca.   10 Min.
Allergene:
(Kohlehydrat:92% / Eiweiß & Fett:8%)
100g.≈ Eiweiß 0,45g. Fett:0,15g.
µg. - Ph:0,26 Na:0,02 Ka:2,55 Mg:0,24 Ca:0,21 Fe:0,01 Zn:0 Col.:0 Hsr.:0,24

Zutaten:
Banane 1 Stück / 200g. (ja)
Erdbeere 200 g / 200g. (empfehlenswert)
Orange 1/2 Stück / 70g. (ja)

Kochanleitung:
Banane schälen, Erdbeeren waschen, von den Stielen zupfen und beides in eine Rührschüssel geben. Den Orangensaft dazugießen und alles fein zermusen. Das Mark in einen Eiswürfelbereiter füllen und einfrieren. Die gefrorenen Würfel in eine Kühlbox umfüllen (bis zu 2 Monate haltbar). Kleine Portionen sind ideal zum Mischen mit Joghurt.

3.16 Exotisches Linsengericht

Stärkt Herz und Nieren, harntreibend, beruhigt den Magen, fördert Verdauung, löst Stagnation, hilft Fett zu verdauen, senkt Blutdruck, entgiftet, stimuliert das Immunsystem.

Anzahl Portionen: 4
Kalorien p. Portion 144
Gramm p. Portion 273,38
Kochdauer ca. 45 Min.
Allergene: NO
(Kohlehydrat:71,01% / Eiweiß & Fett:28,99%)
100g.≈ Eiweiß 5,83g. Fett:3,46g.
µg. - Ph:13,56 Na:11,59 Ka:48,35 Mg:8,52 Ca:8,91 Fe:0,27 Zn:0,02 Col.:0 Hsr.:13,4

Zutaten:
Sesamöl 1 EL / 10g. (empfehlenswert)
Zwiebel weiss 2 Stück / 120g. (ja)
Ingwer frisch 1/2 TL / 2g. (empfehlenswert)
Thymian getrocknet 1/2 TL / 1g. (ja)
Cumin (Kreuzkümmel) 1/2 TL / 2g. (ja)
Linsen rot 1 Tasse / 120g. (ja)
Wakame 3 cm / 1g. (ja)
Zitrone 1/2 Stück / 20g. (ja)
Bocksdornfrüchte (Fructus Lycii) getrocknet 2 Prisen / 2g. (ja)
Zucker Ursüße (Zuckerrohr) süß 1 Prise / 1g. (wenig)
Chili (Schote oder gemahlen) 1 Prise / 0,5g. (ja)
Salz 1 Prise / 1g. (wenig)
Essig (Apfelessig) 1/2 TL / 1g. (ja)
Tomate 1 Stück / 50g. (empfehlenswert)
Mangold 200 g / 200g. (ja)
Blumenkohl (Karfiol) 200 g / 200g. (empfehlenswert)
Salz 1 Prise / 1g. (wenig)
Reis Vollkorn 1/2 Tasse / 60g. (empfehlenswert)
Wasser 3 Tassen / 300g. (ja)
Salz 1 Prise / 1g. (wenig)

Kochanleitung:
Sesamöl in einem Topf erhitzen. Kleingeschnittene Zwiebeln, geriebenen Ingwer, getrockneten Thymian und reichlich Cumin zugeben und leicht anbraten. Geschälte rote Linsen, einen Streifen Wakame, etwas Zitronensaft, heißes Wasser und etwas getrocknete Bocksdornfrüchte dazugeben. 20 Min. köcheln lassen, bis die Linsen gar sind. Heißes Wasser nach Belieben nachgießen, so dass ein Brei entsteht. Vollrohrzucker, etwas Chili und Salz zufügen und mit Essig oder Zitronensaft abschmecken. Kleingeschnittene Tomate dazugeben

und einige Minuten durchziehen lassen. Den Blumenkohl in einem kleinen Topf mit 1 Tasse Wasser und etwas Salz 10 Min. weich kochen. Den Mangold in einem kleinen Topf mit 1 Tasse Wasser und Salz 3 Min. blanchieren. Reis kurz aufkochen, salzen und 10 Min. ziehen lassen. Alles zusammen mit dem Linsengericht anrichten.

3.17 Fenchel-Kartoffel-Auflauf

Lindert Entzündungen, verbessert Durchblutung, verbessert Verdauung, harntreibend, senkt Cholesterinspiegel. Gut bei Appetitlosigkeit, Blähungen, Darmentzündungen, Sodbrennen. Stärkt Magensaftproduktion.

Anzahl Portionen: 2
Kalorien p. Portion 147
Gramm p. Portion 230,5
Kochdauer ca. 1 1/2 Stunden
Allergene: CGL
(Kohlehydrat:68% / Eiweiß & Fett:32%)
100g.≈ Eiweiß 5,72g. Fett:5,42g.
µg. - Ph:15 Na:12,98 Ka:80,91 Mg:13,52 Ca:40,41 Fe:0,41 Zn:0,09 Col.:7,81 Hsr.:3,64

Zutaten:
Fenchel 200 g. / 200g. (empfehlenswert)
Kartoffel 125 g. / 125g. (ja)
Grundrezept für eine Gemüsebrühe nahrhaft 100 ml. / 100g. (ja)
Butter Bio 1 TL / 3g. (ja)
Reismehl 2 TL / 6g. (ja)
Sahne sauer 10% 1 TL / 3g. (ja)
Salz 1 Prise / 1g. (wenig)
Zucker Ursüße (Zuckerrohr) süß 1 Prise / 1g. (wenig)
Huhn Eigelb 1 Stück / 10g. (wenig)
Pfeffer Cayenne 1 Prise / 0,5g. (ja)
Muskatnuss 1 Prise / 0,5g. (ja)
Petersilie 1 TL / 2g. (ja)
Lauchzwiebel Schnittlauch 1 TL / 3g. (ja)
Parmesan 1 TL / 3g. (ja)
Butter Bio 1 TL / 3g. (ja)

Kochanleitung:
Kartoffeln in der Schale kochen, abkühlen lassen und dann schälen. Fenchel waschen, Stiele abschneiden und evtl. äußere Blätter entfernen. Fenchelgrün zurückhalten und später mit den anderen Kräutern zur Soße geben. Fenchelknollen ca. 15-20 Min. dünsten. Danach Kartoffeln und Fenchel in Scheiben schneiden und schichtweise in eine gefettete Auflaufform geben. Flüssigkeit aus

Fenchelbrühe zum Kochen bringen und mit Mehl binden. Mit Meersalz, Cayennepfeffer, Zucker, Muskat und saurer Sahne abschmecken. Abkühlen lassen und mit Eigelb legieren. Die Soße über den Auflauf verteilen, mit Parmesan, fein gehackter Petersilie und Schnittlauch bestreuen. Alles 30 Min. bei ca. 200 Grad im Backofen überbacken.

3.18 Fischsuppe mit Rosmarin

Stärkt Magen, Milz und Leber, senkt Blutdruck, bakterizid, stärkt Immunsystem, beugt Krebs vor, reduziert Strahlenverletzungen, ist cholesterinarm und eiweißreich, fördert Durchblutung, regt Appetit an, antioxidativ, löst Stagnation.

Anzahl Portionen: 4
Kalorien p. Portion 271
Gramm p. Portion 284,25
Kochdauer ca. 30 Min.
Allergene: DLO
(Kohlehydrat:38,39% / Eiweiß & Fett:61,61%)
100g.≈ Eiweiß 15,39g. Fett:14,78g.
µg. - Ph:19,71 Na:7,22 Ka:47,56 Mg:3,06 Ca:5,32 Fe:0,13 Zn:0,03 Col.:0,01 Hsr.:14,36

Zutaten:
Grundrezept für eine Fischbrühe 1/2 Liter / 500g. (ja)
Rosmarin 1/2 Bund / 7g. (ja)
Zwiebel Frühlingszwiebel 1 Stück / 20g. (ja)
Olivenöl 2 EL / 35g. (ja)
Fischstücke gemischt (Süßwasser) 250 g. / 250g. (empfehlenswert)
Karotte (Mohrrübe, Möhre) 1 Stück / 120g. (empfehlenswert)
Pastinake 1 Stück / 180g. (ja)
Sellerie Knolle 1 Scheibe / 20g. (empfehlenswert)
Salz 1 Prise / 1g. (wenig)
Pfeffer Körner 2 Stück / 1g. (ja)
Knoblauch 1 Zehe / 3g. (ja)

Kochanleitung:
Zwiebel und Knoblauch in Öl glasig braten und mit Fischbrühe aufgießen. Gewürfelte Karotte, Pastinake und Sellerie hinzugeben. Mit Salz und Pfefferkörnern würzen. Die Suppe 25 Min. bei schwacher Hitze köcheln lassen. Den Fisch waschen, mit Zitronensaft beträufeln, in Stücke teilen und mit dem abgezupften Rosmarin in die Suppe geben. Alles 5 Min. bei schwacher Hitze garen. Schnittlauch und Petersilie dazugeben und die Suppe mit dem Salz abschmecken.

3.19 Frühlingssalat

Blutbildend, blutreinigend, harntreibend, entgiftend. Senkt Blutdruck, lindert Entzündungen. Gut bei Magenbeschwerden, Verdauungsschwäche, Verstopfung, Durchfall. Hilft Fett zu verdauen.

Anzahl Portionen: 4
Kalorien p. Portion 162
Gramm p. Portion 210,25
Kochdauer ca. 10 Min.
Allergene: AEMN
(Kohlehydrat:67% / Eiweiß & Fett:33%)
100g.≈ Eiweiß 7,68g. Fett:3,57g.
µg. - Ph:3,64 Na:5,07 Ka:20,01 Mg:1,77 Ca:5,24 Fe:0,18 Zn:0,03 Col.:0 Hsr.:2

Zutaten:
Sauerampfer 150 g. / 150g. (ja)
Löwenzahn (junger) 100 g. / 100g. (ja)
Mungbohnensprossen 75 g. / 75g. (ja)
Kresse 100 g. / 100g. (ja)
Lauchzwiebel Schnittlauch 1 Bund / 50g. (ja)
Tomate 2 Stück / 100g. (empfehlenswert)
Petersilie 1 Bund / 50g. (ja)
Sesam Paste (Tahini) 2 EL / 16g. (ja)
Sojasauce 1 Schuss / 3g. (ja)
Senf 1/2 TL / 2g. (ja)
Weißbrot (Weizenbrot) 6 Scheiben / 120g. (wenig)

Kochanleitung:
Alle Salatzutaten waschen, mischen und die Soße folgendermaßen zubereiten: Tahin mit Senf, Balsamico-Essig, Tamari, Olivenöl, Schnittlauch und der Hälfte der Petersilie mischen. Die Soße über den Salat gießen und unmittelbar vor dem Servieren die restliche Petersilie drüberstreuen. Mit dem Weißbrot servieren.

3.20 Frühstück mit Käse

Körperschwäche, Magendruck, Aufstoßen, Diabetes, akute oder chronische Verstopfung des Darmes, Hautprobleme. Kaffee wirkt harntreibend, regt Appetit an, entgiftet, erhöht Blutzucker, harmonisiert Herz-Rhythmus.

Anzahl Portionen: 1
Kalorien p. Portion 512
Gramm p. Portion 324
Kochdauer ca. 10 Min.
Allergene: AGO
(Kohlehydrat:47,95% / Eiweiß & Fett:52,05%)
100g.≈ Eiweiß 21,38g. Fett:30,96g.

µg. - Ph:145,95 Na:235,6 Ka:118,65 Mg:23,16 Ca:98,48 Fe:0,91 Zn:1,2 Col.:7,47 Hsr.:21,31

Zutaten:
Wasser 1 Tasse / 120g. (ja)
Kaffee 2 TL / 4g. (ja)
Vollkornbrot 2 Scheiben / 100g. (empfehlenswert)
Margarine 10 g. / 10g. (ja)
Edamer 30 g. / 30g. (ja)
Erdbeermarmelade 20 g. / 20g. (ja)
Topfen (Quark) 20% 40 g. / 40g. (empfehlenswert)

Kochanleitung:
Kaffee wie gewohnt zubereiten. Zucker vermeiden oder Süßstoff verwenden. Bestreichen Sie die Brote mit Margarine und geben Sie den Käse und die Marmelade zur Auswahl auf den Frühstückstisch. Dekorativ anrichten erhöht den Appetit.

3.21 Gegrillte Tomaten mit Käsefüllung

Fördert Verdauung, hilft Fett zu verdauen, harntreibend, senkt Blutdruck, regt Verdauung an.
Anzahl Portionen: 2
Kalorien p. Portion 469
Gramm p. Portion 319,5
Kochdauer ca. 30 Min.
Allergene: ACG
(Kohlehydrat:38% / Eiweiß & Fett:62%)
100g.≈ Eiweiß 18,89g. Fett:30,98g.
µg. - Ph:25,05 Na:101,57 Ka:41,33 Mg:3,14 Ca:21,11 Fe:0,17 Zn:0,12 Col.:13,64 Hsr.:4,36

Zutaten:
Tomate 8 Stück / 200g. (empfehlenswert)
Schafskäse 75 g. / 75g. (ja)
Frischkäse 75 g. / 75g. (ja)
Huhn Ei 1 Stück / 60g. (ja)
Olivenöl 1 EL / 12g. (ja)
Basilikum (frisch) 1 EL / 6g. (ja)
Salz 1 Prise / 1g. (wenig)
Pfeffer gemahlen 1 Prise / 0,5g. ()
Oliven 30 g. / 30g. (ja)
Rucola Rauke 10 dag. / 100g. ()
Weißbrot (Weizenbrot) 4 Scheiben / 80g. (wenig)

Kochanleitung:
Tomaten großzügig aushöhlen und in eine Auflaufform setzen. Käse, Olivenöl, Ei, gehackten Basilikum und Mehl verrühren, mit Salz und Pfeffer würzen und in die Tomaten füllen. Im vorgeheizten Ofen bei 210 Grad auf der mittleren Schiene 15 Min. backen, dann den Backofengrill zuschalten und weitere 3 Min. übergrillen (ohne Umluft). Die Oliven entsteinen, hacken und auf die Tomaten streuen. Tomaten mit Rucola garnieren und mit Weißbrot servieren.

3.22 Gegrillter Tofu mit Reisnudeln, Spinat und Zuckerschoten

Lindert Blähungen, harntreibend, entgiftend, stärkt Magen-Darm-Funktion, erweitert Blutgefäße, regt Appetit an, fördert Ausscheidung und Durchblutung.

Anzahl Portionen: 4
Kalorien p. Portion 327
Gramm p. Portion 373
Kochdauer ca. 30 Min.
Allergene: E
(Kohlehydrat:49,87% / Eiweiß & Fett:50,13%)
100g.≈ Eiweiß 24,38g. Fett:10,73g.
µg. - Ph:31,18 Na:1,57 Ka:31,66 Mg:18,57 Ca:14,87 Fe:0,41 Zn:0,04 Col.:0 Hsr.:26,16

Zutaten:
Sake 85 ml / 85g. (ja)
Zucker Ursüße (Zuckerrohr) süß 1 EL / 7g. (wenig)
Knoblauch 5 Zehen / 7g. (ja)
Zwiebel Frühlingszwiebel 3 Stück / 60g. (ja)
Ingwer frisch 3 cm. / 5g. (empfehlenswert)
Rapsöl 2 EL / 20g. (empfehlenswert)
Spinat 2 Handvoll / 30g. (ja)
Erbse, grün 450 g. / 400g. (ja)
Wasser 1 EL / g. (ja)
Reisnudeln 1 Paket / 250g. (ja)
Wasser 1 Liter / g. (ja)
Basilikum 1 EL / 3g. (ja)
Soja Tofu 500 g. / 500g. (ja)

Kochanleitung:
Für die Marinade: Tamari-Soße, Reiswein, Zucker, zerdrückten Knoblauch, Frühlingszwiebel, geriebenen Ingwer, gehackten Basilikum und das Rapsöl in einer mittelgroßen Schüssel miteinander vermengen. Den Tofu hineingeben und mindestens 1 Std. in der Marinade ziehen lassen. Die Zuckerschoten in einer Pfanne zugedeckt mit wenig Wasser

5 Min. leicht andünsten, den Spinat zufügen und nochmals 3 Min. weiterdünsten. Die Reisnudeln nach Herstellerangaben kochen, abtropfen lassen, mit warmem Wasser nochmals abspülen und abtropfen lassen. Den Grill oder Backofengrill vorheizen, den Tofu von beiden Seiten jeweils 5 Min. grillen und beiseite stellen. Die Nudeln auf den Tellern anrichten, das Gemüse rundherum aufteilen und den Tofu über die Nudeln geben. Mit der Marinade übergießen.

3.23 Gemüsenudeln mit Tomatensugo

Schont die Verdauungsorgane, entgiftet. Gut bei Appetitlosigkeit, Blähungen, Darmentzündung, Fettsucht, Gicht, Magengeschwür, Magenkrämpfen, Rheuma, Sodbrennen, Zwölffingerdarmgeschwür. Fördert Verdauung, hilft Fett zu verdauen.

Anzahl Portionen: 2
Kalorien p. Portion 562
Gramm p. Portion 281,1
Kochdauer ca. 45 Min.
Allergene: ACG
(Kohlehydrat:69,56% / Eiweiß & Fett:30,44%)
100g.≈ Eiweiß 14,06g. Fett:21,69g.
µg. - Ph:42,24 Na:6,41 Ka:89,19 Mg:16,12 Ca:13,53 Fe:0,61 Zn:0,2 Col.:8,37 Hsr.:36,02

Zutaten:
Tomate 125 g. / 125g. (empfehlenswert)
Karotte (Mohrrübe, Möhre) 1 Stück / 80g. (empfehlenswert)
Zucchini 1 Stück / 80g. (empfehlenswert)
Olivenöl 1 EL / 15g. (ja)
Zwiebel Schalotte 1 Stück / 20g. (ja)
Oregano getrocknet 1 Prise / 1g. (ja)
Salz 1 Prise / 1g. (wenig)
Pfeffer gemahlen 1 Prise / 0,2g. ()
Nudeln (Weizen) mit Ei 200 g. / 200g. (ja)
Olivenöl 1 EL / 10g. (ja)
Creme fraîche 2 EL / 30g. (ja)

Kochanleitung:
Tomaten in wenig Wasser kochen, beim Abgießen den Saft auffangen und die Tomaten in Stücke schneiden. Zucchini und Karotte grob raspeln. Olivenöl in einem beschichteten Topf erhitzen und Schalotten darin sehr weich dünsten. Tomaten zugeben, mit Oregano, Salz und Pfeffer würzen und zu einer dicken Soße einköcheln lassen. Reichlich Salzwasser zum Kochen bringen und die Nudeln darin bissfest kochen. In der Zwischenzeit das Olivenöl in einer beschichteten Pfanne erhitzen, die Karottenraspel darin unter Rühren anbraten und leicht

salzen. Zucchiniraspel zugeben und ebenfalls unter Rühren kurz anbraten. Das Gemüse soll noch Biss haben. Nudeln abgießen, abtropfen lassen, mit Crème fraîche vermischen und abschmecken mit Salz und Pfeffer. Mit der Tomatensoße garnieren.

3.24 Gemüsereis

Stärkt Magen, löst Stagnation, fördert Gewichtsabnahme, stärkt Nieren und Blase, harntreibend, erwärmt den Körper von innen, reguliert Innenorganfunktionen. Gut bei Abwehrschwäche, Appetitlosigkeit, Blähungen und Bluthochdruck.

Anzahl Portionen: 3
Kalorien p. Portion 304
Gramm p. Portion 274,73
Kochdauer ca. 30 Min.
Allergene: L
(Kohlehydrat:87,6% / Eiweiß & Fett:12,4%)
100g.≈ Eiweiß 8,1g. Fett:3,41g.
µg. - Ph:35,4 Na:5,75 Ka:46,63 Mg:34,07 Ca:82,12 Fe:0,49 Zn:0,07 Col.:0 Hsr.:15,52

Zutaten:
Brokkoli 50 g. / 50g. (empfehlenswert)
Karotte (Mohrrübe, Möhre) 50 g. / 50g. (empfehlenswert)
Kohlrabi 50 g. / 50g. (empfehlenswert)
Blumenkohl (Karfiol) 30 g. / 30g. (empfehlenswert)
Erbsen 20 g. / 20g. (ja)
Margarine 1 TL / 4g. (ja)
Reis Vollkorn 200 g / 200g. (empfehlenswert)
Grundrezept für eine Gemüsebrühe nahrhaft 400 g. / 400g. (ja)
Petersilie 20 g. / 20g. (ja)
Pfeffer gemahlen 1 Prise / 0,2g. ()

Kochanleitung:
Brokkoli, Karotten und Kohlrabi in kleine Würfel schneiden und den Blumenkohl in kleine Röschen zerteilen. Die Margarine in einer Pfanne oder einem Topf erhitzen und das Gemüse darin andünsten.
Anschließend den Reis zufügen, mit der Gemüsebrühe auffüllen und 15-20 Min. ausquellen lassen. In der Zwischenzeit die Petersilie fein hacken. Nach Garzeitende den Reis mit frisch gemahlenem Pfeffer und Petersilie abschmecken.

3.25 Geröstete Hirse mit Pflaumenkompott

Harntreibend, stärkt Milz und Nieren, stärkt die Abwehr, gut bei Pilzinfektionen.

Anzahl Portionen: 4
Kalorien p. Portion 139
Gramm p. Portion 218,25
Kochdauer ca. 30 Min.
Allergene:
(Kohlehydrat:85% / Eiweiß & Fett:15%)
100g.≈ Eiweiß 3,57g. Fett:1,24g.
µg. - Ph:2,99 Na:0,1 Ka:4,37 Mg:1,68 Ca:0,78 Fe:0,09 Zn:0,03 Col.:0 Hsr.:0,93

Zutaten:
Hirse 1 Tasse / 120g. (ja)
Wasser 2 Tassen / 250g. (ja)
Pflaume 2 Tassen / 250g. (empfehlenswert)
Vanilleschote 1 Prise / 1g. (ja)
Wasser 250 g. / 250g. (ja)
Zimtpulver 1 Prise / 1g. (ja)
Acerola Fruchtnektar oder Pulver 1/2 TL / 1g. (ja)

Kochanleitung:
Hirse kurz anrösten, mit Wasser übergießen, kurz aufkochen und 20 Min. quellen lassen. Pflaumen mit Wasser, Vanille und Zimt 10 Min. kochen und abseihen. Acerola dazugeben und zu der Hirse reichen.

3.26 Gerstenbratlinge

Verbessert Verdauung, senkt Cholesterinspiegel. Gut bei Durchfall, Geschwüren, Gliederschmerzen und Magenproblemen. Stärkt Milz, Leber und Immunsystem, senkt Blutdruck, bakterizid, beugt Krebs vor, reduziert Strahlenverletzungen.

Anzahl Portionen. 3
Kalorien p. Portion 398
Gramm p. Portion 292,67
Kochdauer ca. 1 1/2 Stunden
Allergene: ACN
(Kohlehydrat:63% / Eiweiß & Fett:37%)
100g.≈ Eiweiß 8,38g. Fett:19,69g.
µg. - Ph:7,07 Na:4,18 Ka:17,24 Mg:2,02 Ca:2,5 Fe:0,08 Zn:0,04 Col.:2,76 Hsr.:2,93

Zutaten:
Wasser 2 Tassen / 250g. (ja)
Gerstengrütze 1 Tasse / 120g. (ja)
Kartoffel 1 Stück / 140g. (ja)
Karotte (Mohrrübe, Möhre) 1 Stück / 120g. (empfehlenswert)

Champignon 2-3 Stück / 25g. (ja)
Huhn Ei 1 Stück / 55g. (ja)
Zwiebel weiss 1 Stück / 50g. (ja)
Ingwer frisch 1/2 TL / 1g. (empfehlenswert)
Pfeffer gemahlen 1 Prise / 0,5g. ()
Salz 1 Prise / 1g. (wenig)
Zitrone 1/2 Stück / 15g. (ja)
Petersilie 2 EL / 15g. (ja)
Paprika (Rosenpaprikapulver) 1 Prise / 1g. (ja)
Sesamöl 2-3 EL / 50g. (empfehlenswert)
Brötchen (Semmel) 1 Stück / 35g. (wenig)

Kochanleitung:
Vorbereitung: 2 große Tassen heißes Wasser in einen Topf geben, 1 große Tasse Thermo-Gerstengrütze dazugeben und 2 Min. unter Rühren köcheln lassen. Dann 20 Min. auf der ausgeschalteten Herdplatte quellen lassen, herunternehmen und abkühlen lassen. Eine große Kartoffel kleinschneiden und in Wasser kochen. Brötchen in heißem Wasser einweichen und dann gut ausdrücken. Danach die Gerstengrütze, die zerdrückte Kartoffel und das Brötchen vermengen und folgendes zufügen: 1 geraspelte Karotte, 2-3 kleingehackte Champignons, 1 Ei, 1 fein gehackte Zwiebel, ½ TL geriebenen Ingwer, je eine Prise Salz und Pfeffer, etwas Zitronensaft, gehackte Petersilie und reichlich Rosenpaprika. Alles gut durchkneten und Bratlinge formen. In einer heißen Pfanne Sesamöl erhitzen und die Bratlinge etwa 15 Min. bei schwacher Hitze ausbacken. Nach der Hälfte der Zeit wenden. Dazu passt: Blattsalat, Sojasprossengemüse.

3.27 Gersten-Gemüse-Suppe

Nährt Blut, harntreibend, entgiftet, stärkt Milz und Leber, senkt Blutdruck, bakterizid, stärkt Immunsystem, beugt Krebs vor, reduziert Strahlenverletzungen, fördert Verdauung, hilft Fett zu verdauen, harmonisiert Stoffwechsel.

Anzahl Portionen: 3
Kalorien p. Portion   281
Gramm p. Portion   304
Kochdauer ca.   2 Stunden
Allergene: AGL
(Kohlehydrat:73% / Eiweiß & Fett:27%)
100g.≈ Eiweiß 11,93g. Fett:5,74g.
µg. - Ph:9,75 Na:1,36 Ka:21,85 Mg:3,27 Ca:3,09 Fe:0,14 Zn:0,08 Col.:0,09 Hsr.:9,52

Zutaten:
Gerste 1 Tasse / 120g. (ja)
Shiitake, getrocknet 4 g. / 4g. (ja)
Zwiebel Schalotte 1 Stück / 20g. (ja)
Cumin (Kreuzkümmel) 1 Messerspitze / 0,5g. (ja)
Sonnenblumenöl 1 EL / 10g. (ja)
Wasser 300 ml / 250g. (ja)
Sellerie Stangensellerie 2 Äste / 20g. (empfehlenswert)
Erbse, grün 250 g. / 250g. (ja)
Tomate 1 Stück / 50g. (empfehlenswert)
Karotte (Mohrrübe, Möhre) 2 Stück / 150g. (empfehlenswert)
Stangenbohnen (Fisolen) 1 Handvoll / 30g. (ja)
Salz 1 Prise / 1g. (wenig)
Pfeffer gemahlen 1 Prise / 0,5g. ()
Petersilie 1 TL / 3g. (ja)
Butter Bio 1 TL / 3g. (ja)

Kochanleitung:
Gerste am Abend einweichen. Am nächsten Tag die Pilze separat einweichen. Zwiebel und Cumin in Öl bräunen, dann mit Wasser aufkochen. Das kleingeschnittene Gemüse, etwas Salz, die Gerste und die Shiitakepilze hinzufügen und alles zu einer dicken Suppe weich kochen. Am Ende mit Pfeffer, Petersilie und etwas Butter abschmecken.

3.28 Getreide-Obst-Brei

Liefert viel Vitamin C, stärkt Abwehrkraft, antiparasitär.
Anzahl Portionen: 1
Kalorien p. Portion 175
Gramm p. Portion 215
Kochdauer ca. 10 Min.
Allergene: A
(Kohlehydrat:71% / Eiweiß & Fett:29%)
100g.≈ Eiweiß 2,7g. Fett:6,92g.
µg. - Ph:41,51 Na:2,49 Ka:91 Mg:16,16 Ca:10,4 Fe:0,66 Zn:0,47 Col.:0 Hsr.:21,3

Zutaten:
Hafer Flocken (Vollkorn) 20 g. / 20g. (empfehlenswert)
Wasser 90 g. / 90g. (ja)
Apfelsaft (Naturtrüb) 100 g. / 100g. (ja)
Rapsöl 5 g. / 5g. (empfehlenswert)

Kochanleitung:
Die Getreideflocken mit Wasser kurz aufkochen. Instantflocken braucht man nur mit heißem Wasser anrühren. Obstsaft oder -püree und Fett unterrühren. Das frische Obst (zum Beispiel Äpfel, Birnen, Pfirsiche) kann roh zerdrückt oder gerieben werden. Geeignet sind auch Tiefkühlobst oder industriell eingemachtes Obst in Gläsern ohne Zuckerzusätze. Bananen sollten Sie mit weniger süßem Obst vermischt anbieten.

3.29 Gewürzkuchen mit Datteln

Beruhigt Nerven und Magen, fördert Durchblutung. Gut bei Appetitlosigkeit, Blähungen, Darmentzündung, Fettsucht, Gicht, Magengeschwür, Magenkrampf, Rheuma, Sodbrennen.

Anzahl Portionen: 4
Kalorien p. Portion 808
Gramm p. Portion   232,5
Kochdauer ca.   1 1/2 Stunden
Allergene: ACGO
(Kohlehydrat:71% / Eiweiß & Fett:29%)
100g.≈ Eiweiß 14,11g. Fett:32,91g.
µg. - Ph:38,49 Na:13,51 Ka:54,99 Mg:9,73 Ca:10,38 Fe:0,48 Zn:0,07 Col.:4,87 Hsr.:12,86

Zutaten:
Sonnenblumenöl 100 ml. / 100g. (ja)
Zucker (weiß, aus Rüben) 200 g / 200g. (wenig)
Kuhmilch (Vollmilch 3,5 % Fett) 100 ml. / 100g. (ja)
Weizen Mehl 250 g. / 250g. (ja)
Kakao 40 g. / 40g. (ja)
Datteln getrocknet 50 g. / 50g. (ja)
Huhn Ei 3 Stück / 180g. (ja)
Nelke 1/2 TL / 1g. (ja)
Zimtpulver 1 1/2 tl / 3g. (ja)
Muskatnuss 1 Prise / 0,5g. (ja)
Backpulver 1/2 Packung / 1,5g. (ja)
Butter Bio 1 TL / 2g. (ja)
Weizen Mehl 1 TL / 2g. (ja)

Kochanleitung:
Die Eier trennen, Eiweiß steif schlagen und beiseite stellen. Öl, Zucker und Eigelb in eine Schüssel geben und schaumig rühren. Mehl, Kakao und Backpulver zufügen, durchrühren und die Milch nach und nach unterrühren. Nun die kleingehackten Datteln und die Gewürze (die Nelken gemahlen) zur Masse geben und auf kleinster Stufe mit dem Handrührgerät einrühren. Jetzt das steif geschlagene Eiweiß löffelweise

vorsichtig mit einem Löffel unterheben und den Teig in eine gefettete, bemehlte Form füllen und 70 Min. bei 200 Grad backen.

3.30 Grießklößchensuppe

Senkt Blutdruck, bakterizid, stärkt Immunsystem, beugt Krebs vor, reduziert Strahlenverletzungen, löst Stagnation, fördert Gewichtsabnahme. Gut bei Abwehrschwäche, Appetitlosigkeit, Blähungen, Bluthochdruck, Depressionen, Diabetes, Durchfall.

Anzahl Portionen: 3
Kalorien p. Portion 287
Gramm p. Portion 235,67
Kochdauer ca. 60 Min.
Allergene: ACGLO
(Kohlehydrat:74% / Eiweiß & Fett:26%)
100g.≈ Eiweiß 12,68g. Fett:16,24g.
µg. - Ph:7,29 Na:3,79 Ka:6,29 Mg:7,72 Ca:17,64 Fe:0,11 Zn:0,11 Col.:5,65 Hsr.:2,66

Zutaten:
Butter Bio 40 g. / 40g. (ja)
Huhn Ei 1 Stück / 65g. (ja)
Salz 1 Prise / 1g. (wenig)
Pfeffer gemahlen 1 Prise / 0,5g. ()
Muskatnuss 1 Prise / 1g. (ja)
Weizen Gries 80 g. / 80g. (ja)
Grundrezept für eine Rinderbrühe wärmend 1/2 Liter / 500g. (ja)
Petersilie 1 EL / 10g. (ja)
Lauchzwiebel Schnittlauch 1 EL / 10g. (ja)

Kochanleitung:
Die Zutaten für die Grießklößchen zu einem festen Teig kneten und 30 Min. quellen lassen. Die Brühe erhitzen. Dann mit einem Löffel Klößchen ausstechen, in die Brühe geben und ca. 20 Min. ziehen lassen. Vor dem Servieren gehackte Petersilie und in feine Röllchen geschnittenen Schnittlauch einstreuen.

3.31 Grundrezept für eine Fischbrühe

Kräftigt Nieren, harntreibend, senkt Blutdruck, bakterizid, stärkt Immunsystem, beugt Krebs vor, reduziert Strahlenverletzungen, fördert Durchblutung, ist cholesterinarm, eiweißreich und regt Appetit an.

Anzahl Portionen: 5
Kalorien p. Portion 128
Gramm p. Portion 243,8
Kochdauer ca. 40 min.
Allergene: DLO

(Kohlehydrat:33,81% / Eiweiß & Fett:66,19%)
100g.≈ Eiweiß 9,81g. Fett:5,2g.
µg. - Ph:14,91 Na:7,09 Ka:31,5 Mg:2,39 Ca:4,63 Fe:0,11 Zn:0,02 Col.:0,01 Hsr.:11,94

Zutaten:
Fischstücke gemischt (Süßwasser) 300 g. / 300g. (empfehlenswert)
Sellerie Knolle 120 g. / 120g. (empfehlenswert)
Lauch (Porree) 5 cm / 10g. (ja)
Karotte (Mohrrübe, Möhre) 2 Stück / 150g. (empfehlenswert)
Weißwein 1/8 Liter / 125g. (wenig)
Zitrone 1/2 Stück / 50g. (ja)
Lorbeerblatt 2 Blätter / 2g. (ja)
Pfeffer Körner 3 Stück / 2g. (ja)
Olivenöl 1 EL / 10g. (ja)
Wasser 1/2 Liter / 450g. (ja)

Kochanleitung:
Kleingeschnittenen Sellerie, Karotten und Lauch in Olivenöl andünsten, Lorbeerblatt und Pfefferkörner zugeben, Fischstücke zufügen und kurz mitdünsten. Mit Wasser ablöschen, wenig Weißwein oder Zitrone zugeben und 30 Min. leise köcheln lassen. Mehrmals den entstehenden Schaum abschöpfen. Am Ende die Zutaten durch ein Sieb abseihen.

3.32 Grundrezept für eine Hühnerbrühe (wärmend)

Stärkt Blut, baut Milz und Magen auf, stärkt Knochenmark, senkt Blutdruck, bakterizid, stärkt Immunsystem, beugt Krebs vor, reduziert Strahlenverletzungen, fördert Schwitzen, löst Stagnation. Gut bei Appetitlosigkeit und Blähungen.
Anzahl Portionen: 9
Kalorien p. Portion 90
Gramm p. Portion 244,89
Kochdauer ca. 2-3 Stunden
Allergene: L
(Kohlehydrat:10,44% / Eiweiß & Fett:89,56%)
100g.≈ Eiweiß 15,69g. Fett:11,57g.
µg. - Ph:7,72 Na:5,27 Ka:16,86 Mg:1,2 Ca:3,41 Fe:0,1 Zn:0 Col.:0,25 Hsr.:8,27

Zutaten:
Huhn Fleisch 1/2 Stück / 600g. (ja)
Karotte (Mohrrübe, Möhre) 2 Stück / 150g. (empfehlenswert)
Lauch (Porree) 1 Stange / 45g. (ja)
Sellerie Knolle 1 Stück / 500g. (empfehlenswert)
Ingwer frisch 2 Scheiben / 2g. (empfehlenswert)
Bockshornklee 1 TL / 2g. (ja)

Wacholderbeere 1 TL / 3g. (empfehlenswert)
Lorbeerblatt 3 Stück / 2g. (ja)
Wasser 1 Liter / 900g. (ja)

Kochanleitung:
Hühnerteile von Fett befreien, in einen Topf mit heißem Wasser geben, kurz aufkochen lassen und entstehenden Schaum abschöpfen. Grob geschnittenes Gemüse und alle Gewürze zugeben und 2-3 Std. bei mittlerer Hitze kochen, dann alles abseihen. Tipp: Wenn Sie das Fleisch als Suppeneinlage verwenden möchten, bereits nach 45 Min. herausnehmen und nur die Knochen in der Suppe lassen.

3.33 Grundrezept für eine nahrhafte Gemüsebrühe

Senkt Blutdruck und Blutfett, bakterizid, stärkt Immunsystem, beugt Krebs vor, stärkt Magen, löst Stagnation, fördert Gewichtsabnahme, hilft bei Appetitlosigkeit, Blähungen, Bluthochdruck, Depressionen, Diabetes, Durchfall.

Anzahl Portionen: 5
Kalorien p. Portion 48
Gramm p. Portion 240,6
Kochdauer ca. 2-3 Stunden
Allergene: L
(Kohlehydrat:71,3% / Eiweiß & Fett:28,7%)
100g.≈ Eiweiß 1,57g. Fett:1,31g.
µg. - Ph:4,86 Na:3,67 Ka:25,68 Mg:1,8 Ca:6,32 Fe:0,1 Zn:0,01 Col.:0 Hsr.:2,78

Zutaten:
Olivenöl 1 EL / 4g. (ja)
Zwiebel weiss 1 Stück / 60g. (ja)
Karotte (Mohrrübe, Möhre) 3 Stück / 200g. (empfehlenswert)
Pastinake 150 g. / 150g. (ja)
Sellerie Knolle 1 Tasse / 100g. (empfehlenswert)
Ingwer frisch 1/2 TL / 2g. (empfehlenswert)
Zitrone 1/2 Stück / 25g. (ja)
Wacholderbeere 6 Stück / 6g. (empfehlenswert)
Thymian getrocknet 1 Prise / 1g. (ja)
Liebstöckel 1 EL / 3g. (ja)
Lorbeerblatt 2 Blätter / 1g. (ja)
Salz 1 Prise / 1g. (wenig)
Wasser 3/4 Liter / 650g. (ja)

Kochanleitung:
Gemüse würfelig schneiden. Öl in einem Topf erhitzen, die Zwiebel und das Gemüse darin anbraten, Ingwer und Lorbeer zugeben. Mit kaltem Wasser aufgießen, Zitronensaft zufügen und mit Wacholder, Thymian und Liebstöckel würzen. 2-3 Std. auf kleiner Stufe zugedeckt köcheln lassen. Brühe durch ein Sieb streichen und im Kühlschrank aufbewahren. Sie dient als Suppengrundlage und verfeinert Gemüse, Hülsenfrüchte oder Getreide.

3.34 Grundrezept für eine Reissuppe (Congee)

Niedriger Fettgehalt, zur Entwässerung des Körpers bei Übergewicht und Bluthochdruck.

Anzahl Portionen: 3
Kalorien p. Portion 140
Gramm p. Portion 273,33
Kochdauer ca.   2-4 Stunden
Allergene:
(Kohlehydrat:89,71% / Eiweiß & Fett:10,29%)
100g.≈ Eiweiß 2,96g. Fett:0,48g.
µg. - Ph:5,85 Na:0,58 Ka:5,02 Mg:3,41 Ca:1,72 Fe:0,03 Zn:0,02 Col.:0 Hsr.:6,34

Zutaten:
Reis Sorte beliebig 1 Tasse / 120g. (ja)
Wasser 6 Tassen / 700g. (ja)

Kochanleitung:
Man kocht Reis und Wasser in einem Verhältnis von etwa 1:6. Die Menge des Wassers bestimmt die Dicke des Breis (reine Geschmackssache). Der Reis quillt unwahrscheinlich auf, nehmen Sie also nicht viel. Geben Sie den Reis in einen Topf mit einem schweren Deckel. Wichtig ist, den Reis nach kurzem Aufkochen nur auf kleinster Stufe köcheln zu lassen, da er sonst anbrennt. Kochen Sie den Reis 2-4 Stunden. Je länger er kocht, desto stärkender wirkt er. Wenn Sie das Gericht zum Frühstück essen möchten, können Sie den Reis auch kurz vor dem Zubettgehen aufsetzen. Sicherheitshalber sollten Sie vorher einmal unter Beobachtung für eine ähnlich lange Zeit das Verhalten Ihres Topfes und Herdes prüfen, damit nichts anbrennt.

3.35 Grundrezept für eine Rinderbrühe (klar)

Stärkt Muskeln, Sehnen und Knochen, senkt Blutdruck, bakterizid, stärkt Immunsystem, beugt Krebs vor, reduziert Strahlenverletzungen, regt Verdauung an, reduziert Schmerzen, fördert Verdauung. Harntreibend, stillt Blutung. Rosmarin fördert Verdauung.

Anzahl Portionen: 10
Kalorien p. Portion   114
Gramm p. Portion   276
Kochdauer ca.   4-8 Stunden
Allergene: O
(Kohlehydrat:22,24% / Eiweiß & Fett:77,76%)
100g.≈ Eiweiß 12,22g. Fett:4,1g.
µg. - Ph:5,14 Na:3,08 Ka:13,39 Mg:1,06 Ca:2,52 Fe:0,09 Zn:0,01 Col.:0,14 Hsr.:3,57

Zutaten:
Rind Suppenfleisch 500 g. / 500g. (ja)
Rind Fleischknochen 200 g. / 200g. (ja)
Essig (Rotweinessig) 1 Schuss / 3g. (ja)
Wacholderbeere 8 Stück / 6g. (empfehlenswert)
Rosmarin 1 Prise / 1g. (ja)
Karotte (Mohrrübe, Möhre) 3 Stück / 210g. (empfehlenswert)
Pastinake 2 Stück / 300g. (ja)
Lauch (Porree) 1 Stück / 200g. (ja)
Ingwer frisch 1/2 TL / 5g. (empfehlenswert)
Liebstöckel 1 Stiel / 15g. (ja)
Nelke 2 Stück / 2g. (ja)
Piment 6 Stück / 12g. (ja)
Anis (gemeiner Fenchel) 2 Stück / 1g. (ja)
Salz 1 TL / 5g. (wenig)
Wasser 1 1/2 Liter / 1300g. (ja)

Kochanleitung:
Rotweinessig, Wacholderbeeren, Rosmarin, Knochen und Fleisch in Wasser zum Kochen bringen. Karotten, Pastinaken, Lauch, Ingwer, Liebstöckelgrün, Nelken, Piment, Sternanis und etwas Salz zufügen und alles 4-8 Std. köcheln und dann abseihen. Brühe im Kühlschrank aufbewahren.

3.36 Hafer-Congee

Stärkt Abwehrkraft, unterstützt Wehen.
Anzahl Portionen: 3
Kalorien p. Portion   162
Gramm p. Portion   275
Kochdauer ca.   2-4 Stunden
Allergene: A
(Kohlehydrat:73,58% / Eiweiß & Fett:26,42%)
100g.≈ Eiweiß 7,04g. Fett:2,88g.
µg. - Ph:17,27 Na:0,69 Ka:17,93 Mg:6,8 Ca:5,45 Fe:0,3 Zn:0,09 Col.:0 Hsr.:7,53

Zutaten:
Hafer 1 Tasse / 125g. (ja)
Wasser 6 Tassen / 700g. (ja)

Kochanleitung:
Hafer und Wasser in einem Verhältnis von etwa 1:6 kochen. Die Menge des Wassers bestimmt die Dicke des Breis (reine Geschmackssache). Der Hafer quillt auf, nehmen Sie also nicht zu viel. Geben Sie den Hafer in einen Topf mit guter Isolierung und schwerem Deckel. Wichtig ist, den Hafer nach kurzem Aufkochen nur noch auf kleinster Flamme köcheln zu lassen, da er sonst anbrennt. Kochen Sie den Hafer 2-4 Stunden. Je länger er gekocht hat, desto stärkender wirkt er.

3.37 Haferflocken mit aromatischen Gewürzen

Stoppt Durchfall, fördert Verdauung, Appetit anregend, harmonisiert Magen, lindert Durchfall, stärkt Abwehrkraft, wirkt entgiftend und stimuliert das Immunsystem. Alginsäure kann zur Entgiftung des Darmes beitragen.

Anzahl Portionen: 3
Kalorien p. Portion 281
Gramm p. Portion 208
Kochdauer ca. 25 min.
Allergene: AH
(Kohlehydrat:69,06% / Eiweiß & Fett:30,94%)
100g.≈ Eiweiß 6,74g. Fett:10,73g.
µg. - Ph:33,91 Na:2,34 Ka:51,76 Mg:12,79 Ca:8,03 Fe:0,44 Zn:0,11 Col.:0 Hsr.:12,35

Zutaten:
Hafer Flocken (Vollkorn) 1 Tasse / 125g. (empfehlenswert)
Walnüsse 1 EL / 15g. (empfehlenswert)
Haselnüsse 1 EL / 15g. (ja)
Wasser 2 Tassen / 240g. (ja)
Wakame 2 cm. / 2g. (ja)
Apfel (süß) 1 Stück / 220g. (empfehlenswert)
Kardamom 3-4 Kapseln / 2g. (ja)
Zitronenmelisse (frisch) 3-4 Blätter / 3g. (ja)
Acerola Fruchtnektar oder Pulver 1 TL / 2g. (ja)

Kochanleitung:
Haferflocken und Nüsse rösten und mit heißem Wasser aufgießen. Kardamom und Wakame 20 Min. darin kochen. Geriebenen Apfel, Acerola und Zitronenmelisse zugeben.

3.38 Herzhafter Polentabrei

Stärkt Milz und Magen, harntreibend, fördert Verdauung, entgiftet, treibt Schweiß, reduziert Blutfett, regt an, löst Stagnation, fördert Appetit.

Anzahl Portionen: 2
Kalorien p. Portion 262
Gramm p. Portion 207,5
Kochdauer ca. 10 Min.
Allergene:
(Kohlehydrat:80% / Eiweiß & Fett:20%)
100g.≈ Eiweiß 5,65g. Fett:5,94g.
µg. - Ph:6,71 Na:0,73 Ka:11,2 Mg:2,2 Ca:2,17 Fe:0,09 Zn:0,05 Col.:0 Hsr.:2,46

Zutaten:
Mais Gries (Polenta) 1 Tasse / 120g. (ja)
Zwiebel Frühlingszwiebel 2 Stück / 40g. (ja)
Ingwer frisch 1/2 TL / 2g. (empfehlenswert)
Muskatnuss 1 Prise / 1g. (ja)
Salz 1 Prise / 1g. (wenig)
Olivenöl 1 EL / 10g. (ja)
Kurkuma (Gelbwurz) 1 Prise / 1g. (ja)
Wasser 2 Tassen / 240g. (ja)

Kochanleitung:
Polenta in kochendes Wasser einrühren und quellen lassen. Frühlingszwiebel, geriebenen Ingwer, Kurkuma, Muskat, Salz und Olivenöl zugeben und weiter ziehen lassen.

3.39 Herzhaftes Winterfrühstück

Stärkt die Abwehrkräfte und erwärmt, beruhigt Nerven und Magen, fördert Verdauung, entgiftet, stärkt Säfteproduktion, treibt Schweiß, reduziert Blutfett, regt an, löst Stagnation.

Anzahl Portionen: 1
Kalorien p. Portion 678
Gramm p. Portion 235
Kochdauer ca. 20 min.
Allergene: ACEG
(Kohlehydrat:60% / Eiweiß & Fett:40%)
100g.≈ Eiweiß 28,35g. Fett:27,05g.
µg. - Ph:238,14 Na:114,37 Ka:245,93 Mg:71,98 Ca:61,45 Fe:3,58 Zn:2,63 Col.:108 Hsr.:79,81

Zutaten:
Hafer Schrot 1 Tasse / 120g. (ja)
Ingwer frisch 1/2 TL / 1g. (empfehlenswert)
Salz 1 Prise / 1g. (wenig)
Zwiebel Frühlingszwiebel 2 Stück / 40g. (ja)
Huhn Ei 1 Stück / 55g. (ja)
Butter Bio 1 EL / 15g. (ja)
Sojasauce 1 Schuss / 3g. (ja)

Kochanleitung:
Haferschrot über Nacht einweichen. Am Morgen mit etwas Ingwer, Salz und einer Frühlingszwiebel oder Lauch aufkochen und dann quellen lassen, bis der Brei weich ist. Vor dem Servieren ein ganzes Ei untermengen, Butter zugeben und nach Geschmack mit etwas Sojasoße würzen. Empfehlung: besonders geeignet für die kalte Jahreszeit

3.40 Honigmilch

Beruhigend, gut bei Schlafstörungen, leicht abführend, lindert Schmerzen, entgiftet, bakterizid.
Anzahl Portionen: 1
Kalorien p. Portion   88
Gramm p. Portion   124
Kochdauer ca.   5 Min.
Allergene: G
(Kohlehydrat:52% / Eiweiß & Fett:48%)
100g.≈ Eiweiß 3,85g. Fett:4,2g.
µg. - Ph:92,52 Na:48,61 Ka:146,68 Mg:11,81 Ca:116,29 Fe:0,14 Zn:0,4 Col.:5,81 Hsr.:0

Zutaten:
Kuhmilch (Vollmilch 3,5 % Fett) 1 Tasse / 120g. (ja)
Honig 1 TL / 4g. (ja)

Kochanleitung:
Milch leicht erwärmen und den Honig zufügen. In kleinen Schlucken trinken.

3.41 Hühnersuppe mit Eigelb und Petersilie

Stärkt Blut, Knochenmark, Immunsystem und Sehkraft, baut Milz und Magen auf, senkt Blutdruck, bakterizid, harmonisiert Leber und Milz, entgiftet. Petersilie regt Leberfunktion an.

Anzahl Portionen: 2
Kalorien p. Portion 118
Gramm p. Portion 260
Kochdauer ca. 10 Min.
Allergene: CL
(Kohlehydrat:82,37% / Eiweiß & Fett:17,63%)
100g.≈ Eiweiß 16,35g. Fett:2,49g.
µg. - Ph:13,95 Na:17,66 Ka:18 Mg:49,59 Ca:138,8 Fe:0,55 Zn:0,05 Col.:6,53 Hsr.:4,43

Zutaten:
Grundrezept für eine Hühnerbrühe wärmend 1/2 Liter / 500g. (ja)
Huhn Eigelb 1 Stück / 10g. (wenig)
Petersilie 1 EL / 10g. (ja)

Kochanleitung:
Brühe erhitzen und das Eigelb darin verquirlen. Die gehackte Petersilie drüberstreuen und ca. 2 Min. ziehen lassen und dann in kleinen Schlucken trinken.

3.42 Hüttenkäse mit gedünstetem Obst

Gut bei Appetitlosigkeit, Schluckstörungen, schwacher Verdauung, harntreibend.
Anzahl Portionen: 2
Kalorien p. Portion 215
Gramm p. Portion 250
Kochdauer ca. 20 Min.
Allergene: G
(Kohlehydrat:40,48% / Eiweiß & Fett:59,52%)
100g.≈ Eiweiß 18,45g. Fett:6,4g.
µg. - Ph:44,6 Na:114,5 Ka:50,9 Mg:3,7 Ca:25,6 Fe:0,11 Zn:0,09 Col.:0,64 Hsr.:3

Zutaten:
Hüttenkäse 300 g. / 300g. (ja)
Apfel (sauer) 1 Stück / 100g. (empfehlenswert)
Birne 1 Stück / 100g. (empfehlenswert)

Kochanleitung:
Äpfel und Birnen gut waschen, mit Schale klein schneiden und in einem Topf mit Dämpfsieb bissfest garen. Herausnehmen und auskühlen lassen. Hüttenkäse anrichten und Obst darauf verteilen.

3.43 Italienischer Champignonreis

Erfrischend und nährend, befeuchtend. Fördert die Verdauung und die Durchblutung, lindert Bluthochdruck, stärkt Milz, Magen und Muskeln, fördert das Wachstum, löst Stagnation.

Anzahl Portionen: 4
Kalorien p. Portion   257
Gramm p. Portion   242,72
Kochdauer ca.   25 Min.
Allergene: G
(Kohlehydrat:81,14% / Eiweiß & Fett:18,86%)
100g.≈ Eiweiß 7,94g. Fett:3,05g.
µg. - Ph:32 Na:7,49 Ka:37,64 Mg:10,98 Ca:9,12 Fe:0,25 Zn:0,04 Col.:0,11 Hsr.:12,41

Zutaten:
Reis Rundkornreis 2 Tassen / 240g. (ja)
Wasser 1/2 Liter / 450g. (ja)
Pfeffer gemahlen 1 Prise / 0,2g. ()
Salz 1 Prise / 0,5g. (wenig)
Zitrone Saft 1 Schuss / 2g. (ja)
Champignon 250 g. / 250g. (ja)
Paprika (Rosenpaprikapulver) 1 Prise / 0,2g. (ja)
Olivenöl 1 TL / 3g. (ja)
Lauchzwiebel Schnittlauch 1 TL / 5g. (ja)
Parmesan 2 EL / 20g. (ja)

Kochanleitung:
Rundkornreis mit kaltem Wasser aufsetzen und gar kochen. Gemahlenen Pfeffer, Salz, reichlich Zitronensaft, Rosenpaprika, etwas Olivenöl oder Butter dazugeben und alles gut durchmengen. Reichlich feinblättrig geschnittene Champignons, Schnittlauch oder die grünen Teile der Frühlingszwiebel sowie etwas geriebenen Parmesan vorsichtig unterheben. Passt zu: Gemüse- und Tofugerichten, Gerichten mit Tomatensoße.

3.44 Joghurt mit Honig und Nüssen

Lindert Schmerzen, entgiftet, bakterizid, fördert Wundheilung. Gut bei akuter oder chronischer Verstopfung des Darmes. Löst Steine.

Anzahl Portionen: 1
Kalorien p. Portion   258
Gramm p. Portion   167
Kochdauer ca.   5 Min.
Allergene: GH
(Kohlehydrat:61% / Eiweiß & Fett:39%)
100g.≈ Eiweiß 6,79g. Fett:12,43g.
µg. - Ph:107,54 Na:38,83 Ka:167,29 Mg:19,4 Ca:104,46 Fe:0,49 Zn:0,54 Col.:10,48

Hsr.:2,16

Zutaten:
Joghurt (natur, 3,5 % Fett) 125 g. / 125g. (ja)
Honig 2 EL / 30g. (ja)
Walnüsse 1 EL / 12g. (empfehlenswert)

Kochanleitung:
Joghurt mit Honig und feingehackten Nüssen mischen.

3.45 Kalte Kirschsuppe mit Quarkklößchen

Fördert die Durchblutung, lindert Entzündungen, abführend, stärkende Wirkung auf die Verdauung, reinigt und beruhigt den Darm. Gut bei Körperschwäche, Magendruck, Aufstoßen, Diabetes, akute oder chronische Verstopfung.

Anzahl Portionen: 2
Kalorien p. Portion 320
Gramm p. Portion 314,5
Kochdauer ca. 2 Stunden
Allergene: GO
(Kohlehydrat:69,75% / Eiweiß & Fett:30,25%)
100g.≈ Eiweiß 7,98g. Fett:15,19g.
µg. - Ph:24,08 Na:6,18 Ka:60,77 Mg:5,2 Ca:21,84 Fe:0,17 Zn:0,05 Col.:1,47 Hsr.:4,76

Zutaten:
Kirschenkompott 450 g. / 450g. (ja)
Agar-Agar, Agartang 1/2 TL / 1,5g. (ja)
Topfen (Quark) 20% 100 g. / 100g. (empfehlenswert)
Sauerrahm 15% Fett 50 g. / 50g. (ja)
Vanillezucker natur 1 Paket / 1g. (ja)
Zucker braun 1 EL / 10g. (wenig)
Zimtpulver 1 Prise / 0,5g. (ja)
Zitrone Schale 1 Prise / 1g. (ja)
Wasser 2 EL / 15g. (ja)

Kochanleitung:
Kirschkompott abseihen. Die Hälfte der Kirschen und den Kirschsaft mit dem Mixer fein pürieren und durch ein Sieb streichen. Das Agar-Agar-Pulver mit 2 EL kalten Wasser glatt rühren und das Kirschpüree unter Rühren zum Kochen bringen. Agar-Agar-Lösung untermischen und das Kirschpüree 1 Min. unter Rühren leicht kochen lassen. Heißes Kirschpüree auf zwei Suppenteller verteilen und die restlichen Kirschen in die Suppe geben. Kirschsuppe 2 Std. kalt stellen, bis sie leicht geliert. Mit dem Handmixer Quark, Sauerrahm, Zucker, Vanillezucker, Zimt und

Zitronenschale zu einer glatten, festen Creme rühren. Aus der Creme mit dem Esslöffel kleine Klößchen stechen und in die Kirschsuppe setzen.

3.46 Karotten-Hirse-Auflauf mit Apfelkompott

Stärkt Milz und Leber, senkt Blutdruck, bakterizid, stärkt Immunsystem, beugt Krebs vor, reduziert Strahlenverletzungen, beruhigt Nerven und Magen, harntreibend. Gut bei chronischer Verstopfung.

Anzahl Portionen: 7
Kalorien p. Portion   349
Gramm p. Portion   347,86
Kochdauer ca.   1 Stunde
Allergene: CGH
(Kohlehydrat:64% / Eiweiß & Fett:36%)
100g.≈ Eiweiß 12,54g. Fett:12,54g.
µg. - Ph:1,79 Na:0,66 Ka:2,7 Mg:0,54 Ca:1,07 Fe:0,03 Zn:0,01 Col.:0,83 Hsr.:0,28

Zutaten:
Hirse 200 g / 200g. (ja)
Kuhmilch (Vollmilch 3,5 % Fett) 500 ml / 450g. (ja)
Zitrone Schale 1/2 Stück / 2g. (ja)
Zucker braun 2 EL / 20g. (wenig)
Karotte (Mohrrübe, Möhre) 400 g. / 400g. (empfehlenswert)
Ingwer frisch 2 TL / 6g. (empfehlenswert)
Acerola Fruchtnektar oder Pulver 1 TL / 2g. (ja)
Mandelmus 50 g. / 50g. (ja)
Huhn Ei 4 Stück / 240g. (ja)
Joghurt (natur, 1,5 % Fett) 150 g. / 150g. (empfehlenswert)
Butter Bio 1 TL / 4g. (ja)
Apfel (sauer) 4 Stück / 600g. (empfehlenswert)
Wasser 300 ml. / 300g. (ja)
Nelke 2 Stück / 1g. (ja)
Zucker braun 1 EL / 10g. (wenig)

Kochanleitung:
Backofen auf 100 Grad (Umluft 8o Grad, Gas Stufe 2) vorheizen. Die Hirse mit Milch, Zitronenschale und Zucker zum Kochen bringen. Zugedeckt 5 Min. leicht köcheln lassen und dann zugedeckt im vorgeheizten Ofen 20 Min. ausquellen lassen. Ofen auf mittlere Hitze schalten. Äpfel schälen und in kleine Stücke schneiden und mit Wasser, Nelken und Zucker etwa 5 Min. kochen. In einer Schüssel die Hirse mit den geriebenen Karotten, dem feingehackten Ingwer und Acerola vermischen. Mandelmus (oder Butter) mit dem Handrührgerät verrühren. Eigelb dazugeben und alles zu einer glatten Creme rühren.

Sauerrahm, Hirse und Karotten untermischen. Eiweiß sehr steif schlagen und unter die Hirsemasse heben. Eine Auflaufform mit Butter ausstreichen, die Hirsemasse einfüllen und im vorgeheizten Ofen bei milder Hitze 45 Min. backen. Mit dem Apfelkompott servieren.

3.47 Karotten-Kartoffel-Rucola Brötchen

Lindert Entzündungen, verbessert Verdauung, harntreibend, senkt Cholesterinspiegel, stärkt Immunsystem, beugt Krebs vor, löst Verstopfung (ballaststoffreich), löst Stagnation.

Anzahl Portionen: 4
Kalorien p. Portion 94
Gramm p. Portion 116,25
Kochdauer ca. 20 Min.
Allergene: AG
(Kohlehydrat:55% / Eiweiß & Fett:45%)
100g.≈ Eiweiß 2,68g. Fett:2,83g.
µg. - Ph:4,15 Na:4,56 Ka:16,7 Mg:1,23 Ca:1,78 Fe:0,06 Zn:0,03 Col.:0,25 Hsr.:1,27

Zutaten:
Kartoffel (mehlige) 200 g / 200g. (ja)
Karotte (Mohrrübe, Möhre) 1 Stück / 50g. (empfehlenswert)
Sauerrahm 15% Fett 3 EL / 45g. (ja)
Zwiebel Frühlingszwiebel 1 Stück / 20g. (ja)
Rucola Rauke 1/2 Bund / 100g. ()
Zitrone Schale 1/4 TL / 1g. (ja)
Salz 1 Prise / 1g. (wenig)
Pfeffer gemahlen 1 Prise / 0,2g. ()
Vollkornbrot 8 Scheiben / 48g. (empfehlenswert)

Kochanleitung:
Kartoffeln in der Schale weich kochen, abziehen und durch die Kartoffelpresse drücken. Gemüsebrühe nach Grundrezept kochen und eine Karotte nach kurzer Garzeit herausnehmen und mit der Gabel fein zerdrücken. Kartoffeln, Karotten, abgeriebene Zitronenschale und Sauerrahm zu einer glatten Creme verrühren. Karotten-Kartoffel-Creme mit fein geschnittenem Rucola verrühren. Den Aufstrich mit Salz und Pfeffer abschmecken und die Brote bestreichen. Mit den fein geschnittenen Jungzwiebeln bestreuen.

3.48 Karotten-Risotto

Stärkt Immunsystem, beugt Krebs vor, löst Stagnation, regt Leberfunktion an. Gut bei Appetitlosigkeit, Blähungen, Bluthochdruck, Depressionen, Diabetes, Durchfall.

Anzahl Portionen: 2
Kalorien p. Portion 308
Gramm p. Portion 340,8
Kochdauer ca. 45 Min.
Allergene: GL
(Kohlehydrat:83,67% / Eiweiß & Fett:16,33%)
100g.≈ Eiweiß 8,5g. Fett:5,99g.
µg. - Ph:27,11 Na:19,13 Ka:58,22 Mg:32,31 Ca:116,16 Fe:0,67 Zn:0,11 Col.:0,3 Hsr.:14,66

Zutaten:
Olivenöl 1/2 EL / 5g. (ja)
Zwiebel Frühlingszwiebel 2 EL / 7g. (ja)
Muskatnuss 1 Prise / 0,3g. (ja)
Petersilie 1/2 Bund / 25g. (ja)
Reis Sorte beliebig 100 g. / 100g. (ja)
Karotte (Mohrrübe, Möhre) 250 g. / 250g. (empfehlenswert)
Grundrezept für eine Gemüsebrühe nahrhaft 300 ml. / 280g. (ja)
Fenchelsamen gemahlen 1/4 TL / 1g. (ja)
Basilikum (frisch) 1/2 TL / 2g. (ja)
Salz 1 Prise / 1g. (wenig)
Pfeffer gemahlen 1 Prise / 0,3g. ()
Parmesan 1 EL / 10g. (ja)

Kochanleitung:
In einer flachen Pfanne das Öl erhitzen, die Zwiebeln darin glasig und sehr weich dünsten. Petersilie zugeben und kurz andünsten. Reis, Karotten und Muskat zufügen und unter Rühren kurz andünsten. Mit der Gemüsebrühe aufgießen, mit Fenchel und Basilikum würzen, alles zum Kochen bringen und ca. 20 Min. kochen, bis Reis und Karotten gut durch sind. Dabei ab und zu umrühren und bei Bedarf etwas Gemüsebrühe nachgießen. Das Risotto soll leicht suppig sein. Kurz vor Ende der Garzeit den Weißwein untermischen und das Risotto noch kurz aufköcheln lassen, dann vom Herd nehmen und Parmesan untermischen.

3.49 Karottenrohkost

Stärkt Milz und Leber, senkt Blutdruck, bakterizid, stärkt Immunsystem, beugt Krebs vor, reduziert Strahlenverletzungen, stoppt Durchfall, fördert Verdauung, Appetit anregend, harmonisiert Magen.

Anzahl Portionen: 1
Kalorien p. Portion 74
Gramm p. Portion 154
Kochdauer ca. 10 Min.
Allergene:
(Kohlehydrat:91% / Eiweiß & Fett:9%)
100g.≈ Eiweiß 1,21g. Fett:0,41g.
µg. - Ph:26,57 Na:19,84 Ka:140,47 Mg:10,21 Ca:29,74 Fe:1,4 Zn:0,36 Col.:0 Hsr.:18,25

Zutaten:
Karotte (Mohrrübe, Möhre) 100 g. / 100g. (empfehlenswert)
Apfel (süß) 1 Stück / 50g. (empfehlenswert)
Zitrone Saft 2 TL / 3g. (ja)
Zuckerersatz (Süßstoff) 1 g. / 1g. (ja)

Kochanleitung:
Zitronensaft mit Süßstoff verrühren. Die gewaschenen, dünn geschälten Karotten und das Apfelstück in die Soße raspeln und untermischen.

3.50 Kartoffelcreme mit Kräuter-Frischkäse

Gut bei Appetitlosigkeit, Schluckstörungen, Verstopfung, Blähungen und Übelkeit. Verbessert Verdauung, harntreibend, beugt Krebs vor, stärkt Magensaftproduktion, löst Stagnation, entkrampft und beruhigt.

Anzahl Portionen: 2
Kalorien p. Portion 217
Gramm p. Portion 218,5
Kochdauer ca. 25 Min.
Allergene: G
(Kohlehydrat:14% / Eiweiß & Fett:86%)
100g.≈ Eiweiß 8,76g. Fett:11,22g.
µg. - Ph:18,66 Na:18,04 Ka:73,64 Mg:4,87 Ca:13,9 Fe:0,13 Zn:0,09 Col.:4,84 Hsr.:2,24

Zutaten:
Kartoffel (mehlige) 250 g. / 250g. (ja)
Frischkäse 80 g. / 80g. (ja)
Joghurt (natur, 1,5 % Fett) 3 EL / 45g. (empfehlenswert)
Lauchzwiebel Schnittlauch 1/2 Bund / 50g. (ja)
Basilikum (frisch) 1 TL / 4g. (ja)
Petersilie 1 TL / 4g. (ja)
Dill 1/2 TL / 2g. (ja)
Salz 1 Prise / 1g. (wenig)

Schwarzkümmel 1 Prise / 0,5g. (ja)
Pfeffer gemahlen 1 Prise / 0,5g. ()

Kochanleitung:
Kartoffeln in der Schale weich kochen, abziehen und durch die Kartoffelpresse drücken. Frischkäse, Joghurt und Kräuter unter die Kartoffeln mischen und mit Salz, zerstoßenem Schwarzkümmel und Pfeffer abschmecken.

3.51 Kartoffel-Gnocchi mit Gemüse und Basilikumsoße

Stärkt Immunsystem, fördert Gewichtsabnahme, entkrampft, beruhigt.
Gut bei Abwehrschwäche, Appetitlosigkeit, Blähungen, Bluthochdruck.
Anzahl Portionen: 4
Kalorien p. Portion 166
Gramm p. Portion 290,25
Kochdauer ca. 1 Stunde
Allergene: ACGL
(Kohlehydrat:75% / Eiweiß & Fett:25%)
100g.≈ Eiweiß 6,54g. Fett:4,63g.
µg. - Ph:3,26 Na:1,11 Ka:13,57 Mg:2,45 Ca:9,39 Fe:0,06 Zn:0,02 Col.:1,36 Hsr.:1,49

Zutaten:
Kartoffel 250 g. / 250g. (ja)
Weizen Mehl 25 g. / 25g. (ja)
Weizen Gries 15 g. / 15g. (ja)
Huhn Eigelb 1 Stück / 20g. (wenig)
Muskatnuss 1 Prise / 0,2g. (ja)
Grundrezept für eine Gemüsebrühe nahrhaft 250 ml. / 250g. (ja)
Sellerie Knolle 50 g. / 50g. (empfehlenswert)
Zitrone Schale 1/2 TL / 2g. (ja)
Ingwer frisch 1/2 TL / 2g. (empfehlenswert)
Muskatnuss 1 Prise / 0,2g. (ja)
Basilikum (frisch) 1 Bund / 125g. (ja)
Creme fraîche 1 EL / 20g. (ja)
Salz 1 Prise / 1g. (wenig)
Pfeffer gemahlen 1 Prise / 0,2g. ()
Karotte (Mohrrübe, Möhre) 100 g. / 100g. (empfehlenswert)
Zucchini 100 g. / 100g. (empfehlenswert)
Blumenkohl (Karfiol) 100 g. / 100g. (empfehlenswert)
Brokkoli 100 g. / 100g. (empfehlenswert)
Salz 1 Prise / 1g. (wenig)

Kochanleitung:
Kartoffeln in der Schale weich dämpfen, abziehen und heiß durch die Kartoffelpresse drücken. Die heißen Kartoffeln mit Mehl, Grieß, Ei, Muskat und Salz zu einem glatten Teig verarbeiten. Teig 3o Min. ruhen lassen. Aus dem Teig mit mehlbestäubten Händen kleine Röllchen (2 cm) formen und davon 1 cm dünne Scheibchen abschneiden. Damit die typische Gnocchiform entsteht, die Teigscheibchen mit dem Daumen etwas eindellen. Gnocchi in leicht kochendem Salzwasser 6-8 Min. ziehen lassen und mit dem Schaumlöffel aus dem Topf heben. Gemüsebrühe zum Kochen bringen. Würfelig geschnittenen Sellerie, geriebene Zitronenschale, feingehackten Ingwer und eine gute Prise Muskat zufügen. Zugedeckt ca. 10 Min. köcheln lassen und alles zusammen mit gehacktem Basilikum und der Crème fraîche mit dem Mixstab zu einer glatten Soße pürieren. Mit Salz und Muskat abschmecken. Karotten, Zucchini, Blumenkohl und Brokkoli kleinschneiden und zugedeckt in einem Siebeinsatz über Wasserdampf in 8 Min. bissfest garen. Soße nochmals erhitzen, zum Gemüse geben und über den Gnocchi anrichten.

3.52 Kartoffeln mit Bärlauch-Quark

Verbessert Verdauung, regeneriert Haut, harntreibend, senkt Cholesterinspiegel, verbessert die Fließeigenschaften des Blutes. Hilft bei Magendruck, Aufstoßen, Diabetes, akuter oder chronischer Verstopfung des Darmes.

Anzahl Portionen: 2
Kalorien p. Portion   254
Gramm p. Portion   300,55
Kochdauer ca.   20 Min.
Allergene: G
(Kohlehydrat:39,12% / Eiweiß & Fett:60,88%)
100g.≈ Eiweiß 17,32g. Fett:25,36g.
µg. - Ph:51,99 Na:11,2 Ka:120,4 Mg:8,19 Ca:31,89 Fe:0,2 Zn:0,1 Col.:1,71 Hsr.:4,02

Zutaten:
Kartoffel 300 g. / 300g. (ja)
Salz 1 Prise / 0,1g. (wenig)
Bärlauch (Knoblauchspinat) 2 Handvoll / 30g. (ja)
Topfen (Quark) 20% 250 g. / 250g. (empfehlenswert)
Joghurt (natur, 1,5 % Fett) 2 EL / 20g. (empfehlenswert)
Salz 1 Prise / 1g. (wenig)

Kochanleitung:
Kartoffeln in Salzwasser kochen und schälen. Die Bärlauchblätter werden gewaschen, vorsichtig abgetrocknet und in feine Streifen geschnitten. Quark, Joghurt und Salz verrühren und zuletzt den Bärlauch untermischen. Zu den Kartoffeln servieren. In der Jahreszeit, in der kein Bärlauch wächst, kann das Bärlauch-Pesto verwendet werden.

3.53 Kartoffeln mit Quark-Soße

Verbessert Verdauung, harntreibend, senkt Cholesterinspiegel. Gut bei Körperschwäche, Magendruck, Aufstoßen, Diabetes, akute oder chronische Verstopfung des Darmes, Hautproblemen, gegen Blähungen, krampflösend bei Magen-Darm-Beschwerden.

Anzahl Portionen: 6
Kalorien p. Portion   413
Gramm p. Portion   323,33
Kochdauer ca.   45 Min.
Allergene: G
(Kohlehydrat:38% / Eiweiß & Fett:62%)
100g.≈ Eiweiß 18,46g. Fett:35,24g.
µg. - Ph:3,26 Na:1,14 Ka:7,47 Mg:0,69 Ca:2,52 Fe:0,01 Zn:0,02 Col.:0,18 Hsr.:0,32

Zutaten:
Kartoffel 1 Kg / 1000g. (ja)
Topfen (Quark) 20% 500 g. / 500g. (empfehlenswert)
Sahne, süß 30% 200 g / 200g. (wenig)
Edamer 80 g. / 80g. (ja)
Dill 1 Bund / 100g. (ja)
Maiskeimöl 1 TL / 3g. (empfehlenswert)
Pfeffer gemahlen 1 Prise / 0,2g. ()
Salz 1/2 TL / 1g. (wenig)
Sonnenblumenkerne 40 g. / 40g. (ja)

Kochanleitung:
Die Kartoffeln waschen und in reichlich Wasser ca. 20 Min. garen. Den Quark mit der Sahne und dem Käse cremig rühren. Die Sprossen waschen und fein hacken. Mit dem gehackten Dill unterrühren (für das Baby 150 g Quark mit dem Öl verrühren). Den Rest mit Pfeffer, Salz und den Sonnenblumenkernen verrühren. Die Kartoffeln schälen, (für das Baby 200 g) und mit dem Quark anrichten.

3.54 Kohlrabi in Kerbelsoße mit Kartoffeln

Lindert Entzündungen, senkt Cholesterinspiegel, harntreibend, leitet Darmwinde ab, stärkt Immunsystem, beugt Krebs vor, fördert Gewichtsabnahme. Gut bei Appetitlosigkeit, Blähungen, Bluthochdruck, Depressionen, Diabetes, Durchfall.

Anzahl Portionen: 4
Kalorien p. Portion 188
Gramm p. Portion 316,85
Kochdauer ca. 1 Stunde
Allergene: GL
(Kohlehydrat:79,34% / Eiweiß & Fett:20,66%)
100g.≈ Eiweiß 8,67g. Fett:2,51g.
µg. - Ph:11,79 Na:4,12 Ka:100,2 Mg:13,9 Ca:60,61 Fe:0,16 Zn:0,02 Col.:0,06 Hsr.:3,63

Zutaten:
Kartoffel 6 Stück / 450g. (ja)
Grundrezept für eine Gemüsebrühe nahrhaft 300 ml. / 300g. (ja)
Kartoffel 100 g. / 100g. (ja)
Muskatnuss 1 Prise / 0,2g. (ja)
Zitrone Schale 1/2 TL / 2g. (ja)
Ingwer frisch 1/2 TL / 2g. (empfehlenswert)
Liebstöckel 1/2 TL / 2g. (ja)
Kohlrabi 300 g. / 300g. (empfehlenswert)
Salz 1 Prise / 1g. (wenig)
Pfeffer gemahlen 1 Prise / 0,2g. ()
Sauerrahm 15% Fett 3 EL / 30g. (ja)
Kerbel getrocknet 1 Bund / 80g. (ja)

Kochanleitung:
Die 6 Kartoffeln in Salzwasser weich kochen. Die Hälfte der Gemüsebrühe zum Kochen bringen. 100G gewürfelte Kartoffeln, Muskat, Zitronenschale, Ingwer und Liebstöckel dazugeben. Kartoffeln zugedeckt ca. 10 Min. weich kochen und alles mit dem Mixstab zu einer glatten Soße pürieren. Restliche Gemüsebrühe zum Kochen bringen. Kohlrabi in Würfel schneiden, zufügen und zugedeckt ca. 8 Min. kochen. Die Kartoffelsoße unterrühren und alles kurz erhitzen. Mit dem Mixstab Kerbel und Sauerrahm fein pürieren. Die Kerbelcreme mit dem Kohlrabigemüse vermischen und mit den gekochten und geschälten Kartoffeln anrichten.

3.55 Kompott aus einheimischem Obst und Trockenfrüchten

Fördert Verdauung und Durchblutung, harntreibend, stoppt Durchfall, regt Appetit an, erwärmt Magen und Milz.

Anzahl Portionen: 4
Kalorien p. Portion 45
Gramm p. Portion 200,5
Kochdauer ca. 15 Min.
Allergene:
(Kohlehydrat:94% / Eiweiß & Fett:6%)
100g.≈ Eiweiß 0,3g. Fett:0,3g.
µg. - Ph:0,3 Na:0,1 Ka:3,15 Mg:0,19 Ca:0,4 Fe:0,01 Zn:0,01 Col.:0 Hsr.:0,35

Zutaten:
Apfel (süß) 1 Stück / 150g. (empfehlenswert)
Birne 1 Stück / 150g. (empfehlenswert)
Zimtpulver 1 Prise / 0,2g. (ja)
Zitrone Schale 1/2 TL / 2g. (ja)
Wasser 1/2 Liter / 500g. (ja)

Kochanleitung:
Den Apfel und die Birne mit den Trockenfrüchten weich kochen und mit Zimt und Zitronenschale (bio) bestreuen.

3.56 Kürbisklößchen mit Tomaten-Petersiliensoße

Schont die Verdauungsorgane, beruhigt Nerven und Magen, hilft Fett zu verdauen, senkt Blutdruck, regt Leberfunktion an, löst Stagnation. Gut bei Appetitlosigkeit, Blähungen.

Anzahl Portionen: 2
Kalorien p. Portion 381
Gramm p. Portion 277,35
Kochdauer ca. 30 Min.
Allergene: ACG
(Kohlehydrat:60,39% / Eiweiß & Fett:39,61%)
100g.≈ Eiweiß 20,46g. Fett:11,68g.
µg. - Ph:70,84 Na:40,59 Ka:124,45 Mg:12,56 Ca:44,62 Fe:0,87 Zn:0,25 Col.:22,16 Hsr.:24,25

Zutaten:
Hokkaidokürbis 100 g. / 100g. (ja)
Huhn Ei 2 Stück / 120g. (ja)
Weizen Mehl 100-150 g. / 120g. (ja)
Salz 1 Prise / 1g. (wenig)
Pfeffer gemahlen 1 Prise / 0,5g. ()
Muskatnuss 1 Prise / 0,2g. (ja)

Zitrone Schale 1/2 TL / 2g. (ja)
Parmesan 2 EL / 20g. (ja)
Zwiebel Frühlingszwiebel 2 Stück / 40g. (ja)
Tomate 100 g. / 100g. (empfehlenswert)
Petersilie 1/2 Bund / 50g. (ja)
Salz 1 Prise / 1g. (wenig)

Kochanleitung:
Kürbis mit einem scharfen Messer schälen, die Kerne entfernen und das Fruchtfleisch in große Würfel schneiden. Kürbis in Alufolie wickeln und im vorgeheizten Ofen bei 200 Grad 20 Min. backen. Eventuell ausgetretenen Kürbissaft abgießen. Kürbis mit der Gabel fein zerdrücken und mit den Eiern verrühren. So viel Mehl zugeben, bis ein Teig entstanden ist, aus welchem sich Klößchen abstechen lassen. Die Masse mit Zitronenschale, Salz, Pfeffer und Muskat würzen. Mit einem Teelöffel kleine Klößchen abstechen und im kochenden Salzwasser ca. 7 Min. ziehen lassen. In einer Pfanne die Zwiebeln glasig rösten und die Tomatenwürfel, Salz und die gehackte Petersilie kurz mit andünsten. Kürbisklößchen portionsweise mit der Tomaten-Petersilien-Soße anrichten und Parmesan dazu reichen.

3.57 Lachs auf Tomaten-Spinat

Nährt und stärkt Blut, fördert Ausscheidung, fördert Durchblutung, stärkt Magen-Darm-Funktion, lindert Entzündungen, regeneriert Haut, harntreibend, senkt Cholesterinspiegel, fördert Schwitzen, löst Stagnation.

Anzahl Portionen: 6
Kalorien p. Portion 365
Gramm p. Portion 354,58
Kochdauer ca. 1 Stunde
Allergene: D
(Kohlenhydrat:27,24% / Eiweiß & Fett:72,76%)
100g.≈ Eiweiß 29,54g. Fett:29,9g.
µg. - Ph:19,28 Na:7,43 Ka:53,46 Mg:5,01 Ca:8,25 Fe:0,27 Zn:0,01 Col.:0,28 Hsr.:12,16

Zutaten:
Kartoffel 500 g. / 500g. (ja)
Salz 1 Prise / 1g. (wenig)
Lachs 600 g. / 600g. (empfehlenswert)
Rapsöl 2 TL / 24g. (empfehlenswert)
Tomate 100 g. / 100g. (empfehlenswert)
Spinat 700 g. / 700g. (ja)
Salz 1 Prise / 1g. (wenig)
Pinienkerne 4 EL / 40g. (ja)

Lauch (Porree) 120 g. / 120g. (ja)
Olivenöl 4 EL / 40g. (ja)
Salz 1 Prise / 1g. (wenig)
Pfeffer weiss (gemahlen) 1 Prise / 0,5g. (ja)

Kochanleitung:
Kartoffeln schälen, würfelig schneiden und in Salzwasser gar kochen. Den Lachs in Portionen schneiden und in einer Pfanne von beiden Seiten, leicht mit Salz und Pfeffer gewürzt langsam und gleichmäßig braten, später die Pinienkerne dazugeben und leicht anrösten. Spinat in Salzwasser blanchieren, den klein geschnittenen Lauch mit etwas Rapsöl leicht anschwitzen, den blanchierten Spinat dazugeben und gleichmäßig erwärmen. Kurz vor dem Anrichten die halbierten Cocktailtomaten zum Spinat geben und das Gemüse gut mit Salz und Pfeffer abschmecken. Das Spinat-Lauch-Tomaten-Bett mit den Kartoffeln anrichten, den Lachs dazugeben und die gesalzenen Pinienkerne darauf streuen. Das Gericht mit wenig Olivenöl beträufeln und servieren.

3.58 Lasagne mit Tofucreme

Harmonisiert Milz und Magen, lindert Blähungen, schont die Verdauungsorgane, wirkt bei Appetitlosigkeit, Darmentzündung, Magengeschwür, Rheuma, Sodbrennen, Zwölffingerdarmgeschwür.

Anzahl Portionen: 4
Kalorien p. Portion 301
Gramm p. Portion 231
Kochdauer ca. 45 Min.
Allergene: ACEG
(Kohlehydrat:49,88% / Eiweiß & Fett:50,12%)
100g.≈ Eiweiß 19,3g. Fett:11,86g.
µg. - Ph:35,07 Na:14,02 Ka:27,57 Mg:16,2 Ca:29,05 Fe:0,36 Zn:0,05 Col.:3,83 Hsr.:15,29

Zutaten:
Soja Tofu 400 g. / 400g. (ja)
Huhn Ei 2 Stück / 100g. (ja)
Zwiebel weiss 2 Stück / 120g. (ja)
Tomate 100 g. / 100g. (empfehlenswert)
Oregano getrocknet 1 Prise / 1g. (ja)
Majoran 1 Prise / 1g. (ja)
Paprika (Rosenpaprikapulver) 1 Prise / 1g. (ja)
Salz 1 Prise / 1g. (wenig)
Nudeln (Weizen, Lasagneblätter) mit Ei 150 g. / 150g. (ja)
Edamer 50 g. / 50g. (ja)

Kochanleitung:
Tofucreme: Tofu mit Eiern, Zwiebeln, kleinen Tomaten, Oregano, Majoran, Paprika und etwas Jodsalz mit einer Küchenmaschine mit Messereinsatz oder einem Pürierstab zu einer glatten Masse verarbeiten. Lasagne: In eine Auflaufform (ca. 25 x 15 cm) 1/5 der Tofucreme geben, mit 3 Lasagneblätter abdecken, diesen Vorgang noch 2 x wiederholen und abschließend das letzte Fünftel der Tofucreme über die Teigplatten streichen. Mit etwas geriebenem Edamer bestreuen und im Backofen bei 175 Grad ca. 30 Min. backen.

3.59 Lauch-Kartoffel-Gratin

Lindert Entzündungen, verbessert Verdauung, regeneriert Haut, harntreibend, senkt Cholesterinspiegel, löst Stagnation.
Anzahl Portionen: 4
Kalorien p. Portion 369
Gramm p. Portion 346,62
Kochdauer ca. 1 Stunde
Allergene: CGL
(Kohlehydrat:56,02% / Eiweiß & Fett:43,98%)
100g.≈ Eiweiß 7,74g. Fett:16,47g.
µg. - Ph:13,71 Na:22,43 Ka:58,34 Mg:4,33 Ca:15,37 Fe:0,17 Zn:0,03 Col.:1,24 Hsr.:5,68

Zutaten:
Kartoffel 500 g. / 500g. (ja)
Lauch (Porree) 500 g. / 500g. (ja)
Apfel (sauer) 1 Stück / 200g. (empfehlenswert)
Creme fraîche 125 g. / 125g. (ja)
Grundrezept für eine Gemüsebrühe nahrhaft 50 ml / 20g. (ja)
Huhn Eigelb 1 Stück / 20g. (wenig)
Emmentaler 2 EL / 20g. (ja)
Salz 1 Prise / 1g. (wenig)
Pfeffer gemahlen 1 Prise / 0,5g. ()

Kochanleitung:
Kartoffeln waschen, schälen, in sehr dünne Scheiben schneiden und trockentupfen. Die Hälfte in eine flache, gefettete Auflaufform geben. Lauch putzen, waschen und in feine Ringe schneiden. Apfel waschen, schälen und in dünne Scheiben schneiden. Lauch und Apfel auf die Kartoffeln verteilen und die restlichen Kartoffelscheiben darüberlegen. Crème fraîche, Eigelb, geriebenen Emmentaler, Salz und Pfeffer verrühren, evtl. noch etwas Gemüsebrühe dazugeben und über den Auflauf gießen. Bei 200 Grad im Backofen ca. 45 bis 50 Min. goldgelb backen. Nach 30 Min. mit Pergamentpapier abdecken, um ein Austrocknen des Gratins zu verhindern.

3.60 Marinierter Kabeljau auf Kürbispüree

Lindert Entzündungen, verbessert Verdauung, stärkt Milz, Lunge, Magen und Nieren, harntreibend, reduziert Blutzucker, löst Stagnation. Gut bei Verstopfung und Blähungen.

Anzahl Portionen: 4
Kalorien p. Portion 202
Gramm p. Portion 288,65
Kochdauer ca. 2 Stunden
Allergene: DG
(Kohlehydrat:49,4% / Eiweiß & Fett:50,6%)
100g.≈ Eiweiß 17,24g. Fett:5,13g.
µg. - Ph:21,61 Na:8,06 Ka:68,86 Mg:5,61 Ca:8,42 Fe:0,1 Zn:0,02 Col.:1,02 Hsr.:10,18

Zutaten:
Kartoffel 6 Stück / 400g. (ja)
Kürbis 200 g / 200g. (ja)
Zwiebel weiss 1 Stück / 50g. (ja)
Oregano getrocknet 1/2 TL / 1g. (ja)
Zitrone Saft 1/2 Stück / 15g. (ja)
Salz 1 Prise / 1g. (wenig)
Pfeffer gemahlen 1 Prise / 0,3g. ()
Creme fraîche 2 EL / 30g. (ja)
Joghurt (natur, 1,5 % Fett) 150 g. / 150g. (empfehlenswert)
Oregano getrocknet 1/4 TL / 1g. (ja)
Basilikum (frisch) 1/2 TL / 2g. (ja)
Kabeljau 300 g. / 300g. (empfehlenswert)
Salz 1 Prise / 1g. (wenig)
Pfeffer gemahlen 1 Prise / 0,3g. ()
Olivenöl 1 TL / 3g. (ja)

Kochanleitung:
Joghurt mit Oregano, Basilikum und Thymian vermischen. Fischfilets abwaschen, trockentupfen, in eine flache Form legen und mit der Marinade übergießen. 2 Std. im Kühlschrank durchziehen lassen. Kartoffeln in Salzwasser weich kochen und schälen. Gewürfelte Zwiebel in Öl glasig dünsten, den kleingewürfelten Kürbis zugeben und ca. 10 Min. braten. Oregano, Zitronensaft, Salz, Pfeffer und die Crème fraîche dazugeben und mit dem Mixstab pürieren. Fischfilets aus der Marinade nehmen, abtropfen lassen, trockentupfen und salzen. Eine beschichtete Grillpfanne mit 2 TL Öl bestreichen und die Fischfilets auf beiden Seiten je 3-4 Min. braten und mit den Kartoffeln auf dem Kürbispüree anrichten.

3.61 Nudel-Auflauf mit Quark und Pfirsichen

Lindert Müdigkeit, entspannt, stärkt die Abwehr, beruhigt Nerven und Magen. Gut bei Aufstoßen, akuter oder chronischer Verstopfung, Blähungen, Sodbrennen.

Anzahl Portionen: 4
Kalorien p. Portion 442
Gramm p. Portion 293,5
Kochdauer ca. 1 Stunde
Allergene: ACGO
(Kohlehydrat:65,89% / Eiweiß & Fett:34,11%)
100g.≈ Eiweiß 17,56g. Fett:19,07g.
µg. - Ph:26,04 Na:6,66 Ka:36,6 Mg:4,79 Ca:10,1 Fe:0,19 Zn:0,04 Col.:3,85 Hsr.:9,81

Zutaten:
Pfirsich 500 g. / 500g. (empfehlenswert)
Nudeln (Weizen, Bandnudeln) mit Ei 200 g / 200g. (ja)
Huhn Ei 2 Stück / 120g. (ja)
Zucker (Staubzucker) 40 g. / 40g. (wenig)
Vanillezucker natur 3 Paket / 3g. (ja)
Zitrone Schale 1/2 Stück / 2g. (ja)
Zimtpulver 1/4 TL / 1g. (ja)
Topfen (Quark) 20% 250 g. / 250g. (empfehlenswert)
Butter Bio 2 TL / 8g. (ja)
Erdbeermarmelade 4 EL / 50g. (ja)

Kochanleitung:
Ofen auf 180 Grad vorheizen. Pfirsiche kurz in kochendes Wasser legen, abtropfen lassen und die Haut abziehen. Pfirsiche in kleine Spalten schneiden. Nudeln in reichlich Salzwasser bissfest kochen, abgießen, kalt abschrecken und abtropfen lassen. Eier trennen. Eigelb mit Puderzucker, Vanillezucker, abgeriebener Zitronenschale und Zimt mit dem Schneebesen schaumig rühren. Quark einrühren und die Nudeln untermischen. Eiweiß zu festem Schnee schlagen und vorsichtig unter die Nudelmasse heben. Eine Auflaufform dünn mit Butter ausstreichen. Abwechselnd Quark-Nudelmasse und Pfirsichspalten in die Form schichten und mit der Nudelmasse abschließen. Den Auflauf mit Butterflöckchen bestreuen und im vorgeheizten Ofen 30 Min. backen. Portionsweise mit einem Esslöffel Marmelade anrichten.

3.62 Nudelsuppe

Schont die Verdauungsorgane, entgiftet, senkt Blutdruck, bakterizid, stärkt Immunsystem, Muskeln, Sehnen und Knochen, regt Leberfunktion an. Wirkt bei Appetitlosigkeit und Blähungen.

Anzahl Portionen: 8
Kalorien p. Portion 237
Gramm p. Portion 303,88
Kochdauer ca. 1 1/2 Stunden
Allergene: ACEGL
(Kohlehydrat:63,55% / Eiweiß & Fett:36,45%)
100g.≈ Eiweiß 14,74g. Fett:5,04g.
µg. - Ph:8,6 Na:5,71 Ka:23,73 Mg:2,3 Ca:3,96 Fe:0,15 Zn:0,02 Col.:0,34 Hsr.:7,1

Zutaten:
Rind Suppenfleisch 300 g. / 300g. (ja)
Wasser 1 Liter / 900g. (ja)
Lorbeerblatt 1 Stück / 1g. (ja)
Karotte (Mohrrübe, Möhre) 300 g. / 300g. (empfehlenswert)
Sellerie Stangensellerie 1 Staude / 200g. (empfehlenswert)
Blumenkohl (Karfiol) 300 g. / 300g. (empfehlenswert)
Petersilie 1 Bund / 100g. (ja)
Nudeln (Weizen) mit Ei 300 g. / 300g. (ja)
Butter Bio 1 EL / 10g. (ja)
Salz 1 TL / 2g. (wenig)
Sojasauce 1 EL / 8g. (ja)
Tomatenmark 1 EL / 10g. (ja)

Kochanleitung:
Das Fleisch abwaschen und im Wasser mit dem Lorbeerblatt bei schwacher Hitze etwa 30 Min. köcheln lassen. Die Karotten schälen und in Scheiben schneiden. Von der Selleriestaude das untere Ende und die Blätter abtrennen. Die Stiele waschen, die zähen Fäden abziehen und die Stiele in etwa 1 cm dicke Scheiben schneiden. Rosenkohl waschen, putzen und dabei die Röschen von unten kreuzweise einschneiden. Die Petersilie waschen und klein schneiden. Rosenkohl und Karottenscheiben zur Suppe geben und alles etwa 30 Min. weiterkochen. Nach etwa 10 Min. den Sellerie samt grünen Blättern sowie die Nudeln dazugeben. Zum Schluss Lorbeerblatt und Selleriegrün entfernen. Butter und 1 TL gehackte Petersilie unterrühren. Die restliche Suppe mit Salz, Sojasoße, Tomatenmark und der restlichen Petersilie würzen. Das Fleisch herausheben, von Fett und Knochen befreien und würfeln und in der Suppe servieren.

3.63 Ofenkartoffeln mit Sellerie-Quark

Stärkt Milz, lindert Entzündungen, verbessert Verdauung, regeneriert die Haut, harntreibend, senkt Cholesterinspiegel.

Anzahl Portionen: 2
Kalorien p. Portion 304
Gramm p. Portion 398
Kochdauer ca. 30 Min.
Allergene: GL
(Kohlehydrat:52% / Eiweiß & Fett:48%)
100g.≈ Eiweiß 15,61g. Fett:24,04g.
µg. - Ph:19,06 Na:6,87 Ka:59,91 Mg:7,16 Ca:24,85 Fe:0,1 Zn:0,08 Col.:1,01 Hsr.:3,76

Zutaten:
Sellerie Knolle 80 g. / 80g. (empfehlenswert)
Grundrezept für eine Gemüsebrühe nahrhaft 100 ml. / 100g. (ja)
Kümmel gemahlen 1 Prise / 0,2g. (ja)
Zitrone Schale 1/2 TL / 1g. (ja)
Salz 1 Prise / 1g. (wenig)
Pfeffer gemahlen 1 Prise / 0,2g. ()
Zitrone Saft 1 TL / 3g. (ja)
Topfen (Quark) 20% 200 g. / 200g. (empfehlenswert)
Creme fraîche 1/2 EL / 5g. (ja)
Kartoffel 6 Stück / 400g. (ja)
Olivenöl 2 TL / 5g. (ja)
Salz 1 Prise / 1g. (wenig)

Kochanleitung:
Sellerie-Quark: Sellerie in Gemüsebrühe (nach Grundrezept) mit Kümmel und Zitronenschale zum Kochen bringen und zugedeckt ca. 8 Min. köcheln lassen, bis er weich und die Gemüsebrühe fast verdampft ist. Dann alles mit Zitronensaft mit dem Mixstab fein pürieren, mit dem Quark glatt rühren und mit Salz und Pfeffer abschmecken.
Ofenkartoffel: Den Ofen auf 200 Grad vorheizen. Kartoffeln gut abbürsten, längs halbieren und mit der Schnittfläche nach oben nebeneinander auf ein Backblech setzen. Schnittflächen leicht salzen, mit Öl beträufeln und im Ofen ca. 25 Min. backen. Sellerie-Quark zu den Kartoffeln reichen.

3.64 Orientalische Reispfanne

Stärkt Magen, Nieren und Blase, löst Stagnation, fördert Gewichtsabnahme, hilft Fett zu verdauen und liefert zahlreiche Vitamine, Mineralstoffe sowie sekundäre Pflanzenwirkstoffe. Gut bei Abwehrschwäche, Appetitlosigkeit, Blähungen, Bluthochdruck.

Anzahl Portionen: 6
Kalorien p. Portion 303
Gramm p. Portion 271,83
Kochdauer ca. 30 Min.
Allergene: EL
(Kohlehydrat:81,36% / Eiweiß & Fett:18,64%)
100g.≈ Eiweiß 9,51g. Fett:5,44g.
µg. - Ph:14,12 Na:4,25 Ka:29,82 Mg:11,83 Ca:25,45 Fe:0,16 Zn:0,01 Col.:0 Hsr.:12,22

Zutaten:
Reis Vollkorn 180 g. / 180g. (empfehlenswert)
Grundrezept für eine Gemüsebrühe nahrhaft 600 ml. / 500g. (ja)
Curry 1/2 TL / 2g. (ja)
Zwiebel Frühlingszwiebel 4 Stück / 80g. (ja)
Rapsöl 2 EL / 20g. (empfehlenswert)
Paprika 120 g. / 120g. (empfehlenswert)
Mais 80 g. / 80g. (ja)
Shiitake, getrocknet 20 g. / 80g. (ja)
Bambussprossen 80 g. / 80g. (ja)
Erbsen 80 g. / 80g. (ja)
Pfirsich 60 g. / 60g. (empfehlenswert)
Ananas 60 g. / 60g. (ja)
Tomate 200 g / 200g. (empfehlenswert)
Liebstöckel 1 TL / 2g. (ja)
Basilikum (frisch) 1 TL / 2g. (ja)
Petersilie 1 TL / 2g. (ja)
Zitronenmelisse (frisch) 1 TL / 2g. (ja)
Pfeffer gemahlen 1 Prise / 1g. ()

Kochanleitung:
Die Pilze 20 Min. in Wasser einweichen. Den Reis in der Gemüsebrühe 15 Min. kochen und mit etwas Curry würzen. Die Zwiebel schälen und in kleine Würfel schneiden. Öl in einer Pfanne erhitzen, die Zwiebelwürfel darin andünsten. Paprika waschen, halbieren, Kerngehäuse entfernen, in Würfel schneiden und zufügen. Mais, Pilze und Bambussprossen dazu geben und in 5 Min. bissfest garen. Sojasprossen, Erbsen, Pfirsich- und Ananaswürfel ebenfalls zugeben

und anschließend die geschälten, kleingeschnittenen Tomaten dazugeben. Den gegarten Reis zugeben und mit den Kräutern und Pfeffer abschmecken.

3.65 Palatschinken mit Spinat und Parmesan

Fördert Ausscheidung und Durchblutung, stärkt Magen, Darm und Immunsystem. Gut bei Appetitlosigkeit, Blähungen, Bluthochdruck, Depressionen, Diabetes, Verstopfung, Darmentzündung.

Anzahl Portionen: 6
Kalorien p. Portion 329
Gramm p. Portion 303
Kochdauer ca. 25 Min.
Allergene: ACGL
(Kohlehydrat:46% / Eiweiß & Fett:54%)
100g.≈ Eiweiß 17,5g. Fett:18,52g.
µg. - Ph:3,27 Na:3,24 Ka:6,47 Mg:0,96 Ca:4,52 Fe:0,05 Zn:0,02 Col.:1,32 Hsr.:1,02

Zutaten:
Vollkornmehl 100 g. / 100g. (empfehlenswert)
Weizen Mehl 100 g. / 100g. (ja)
Huhn Ei 4 Stück / 200g. (ja)
Kuhmilch (Vollmilch 3,5 % Fett) 400 ml. / 400g. (ja)
Salz 1 Prise / 1g. (wenig)
Sonnenblumenöl 1 EL / 15g. (ja)
Olivenöl 1 EL / 15g. (ja)
Zwiebel weiss 1 Stück / 50g. (ja)
Petersilie 1/2 Bund / 80g. (ja)
Grundrezept für eine Gemüsebrühe nahrhaft 150 ml. / 150g. (ja)
Basilikum (frisch) 1/4 TL / 1g. (ja)
Muskatnuss 1 Prise / 0,3g. (ja)
Creme fraîche 3 EL / 45g. (ja)
Spinat 600 g. / 600g. (ja)
Salz 1 Prise / 1g. (wenig)
Pfeffer gemahlen 1 Prise / 0,1g. ()
Parmesan 60 g. / 60g. (ja)

Kochanleitung:
Mehl, Eier, Milch und eine Prise Salz mit dem Schneebesen glatt rühren. Aus dem Teig Palatschinken auf beiden Seiten knusprig braun braten. Öl in einem kleinen Topf erhitzen und kleingeschnittene Zwiebel darin gut weich dünsten. Kleingehackte Petersilie unterrühren und kurz mitdünsten. Mit der Gemüsebrühe (nach Grundrezept) aufgießen, mit Basilikum und Muskat würzen und zugedeckt 15 Min. köcheln lassen. Crème fraîche zugeben und alles fein pürieren. Den gewaschenen

tropfnassen Spinat mit etwas Salz in einem geschlossenen Topf bei mäßiger Hitze 3 Min. kochen, in einem Sieb abtropfen lassen und in kleine Stücke schneiden. Spinat in die Soße einrühren und kurz erhitzen. Parmesan untermischen. Die Palatschinken mit dem Rahmspinat füllen.

3.66 Paprika-Tomatenreis

Cholesterin-, eiweiß- und fettarm, stärkt Magen, löst Stagnation, fördert Gewichtsabnahme. Gut bei Abwehrschwäche, Appetitlosigkeit, Blähungen, Bluthochdruck, Diabetes, Depressionen.

Anzahl Portionen: 3
Kalorien p. Portion 291
Gramm p. Portion 324
Kochdauer ca. 25 Min.
Allergene: L
(Kohlehydrat:89% / Eiweiß & Fett:11%)
100g.≈ Eiweiß 7,63g. Fett:2,54g.
µg. - Ph:10,3 Na:1,31 Ka:15,5 Mg:9,5 Ca:22,5 Fe:0,14 Zn:0,06 Col.:0 Hsr.:4,12

Zutaten:
Zwiebel weiss 1 Stück / 50g. (ja)
Paprika 4 stück / 120g. (empfehlenswert)
Lorbeerblatt 2 Stück / 1g. (ja)
Nelke 2 Stück / 1g. (ja)
Grundrezept für eine Gemüsebrühe nahrhaft 400 g. / 400g. (ja)
Reis Vollkorn 200 g / 200g. (empfehlenswert)
Champignon 60 g. / 60g. (ja)
Petersilie 20 g. / 20g. (ja)
Pfeffer gemahlen 1 Prise / 0,2g. ()
Paprika (Rosenpaprikapulver) 1 Prise / 0,2g. (ja)
Tomate 120 g. / 120g. (empfehlenswert)

Kochanleitung:
Die Zwiebel fein würfeln und die Paprika in feine Streifen schneiden. Margarine in einem Topf erhitzen, Zwiebel und Paprika sowie Reis darin andünsten und mit der Gemüsebrühe aufgießen. Nelken und Lorbeerblätter dazugeben und im geschlossenen Topf ca. 20 Min. ausquellen lassen. Das Tomatenfleisch in 1 cm große Würfel schneiden und 5 Min. vor Garzeitende zum Reis geben.

3.67 Pikante Avocadocreme mit Hüttenkäse

Hilft bei Entzündungen, Schwellungen, Schmerzen und Juckreiz. Stärkt Magen und Verdauungssystem, entgiftet, bakterizid.

Anzahl Portionen: 4
Kalorien p. Portion 613
Gramm p. Portion 271,25
Kochdauer ca. 15 Min.
Allergene: G
(Kohlehydrat:39% / Eiweiß & Fett:61%)
100g.≈ Eiweiß 11,04g. Fett:40,92g.
µg. - Ph:7,44 Na:14,84 Ka:19,28 Mg:1,27 Ca:2,23 Fe:0,03 Zn:0,03 Col.:0,06 Hsr.:1,09

Zutaten:
Avocado 2 Stück / 600g. (ja)
Pfeffer gemahlen 1 Prise / 0,5g. ()
Salz 1 Prise / 1g. (wenig)
Zitrone Saft 1/2 Stück / 15g. (ja)
Paprika (Rosenpaprikapulver) 1 Prise / 1g. (ja)
Olivenöl 1 EL / 10g. (ja)
Chili (Schote oder gemahlen) 1 Prise / 0,5g. (ja)
Kräuter verschiedene 1 EL / 7g. (ja)
Hüttenkäse 1 Becher / 250g. (ja)
Brot mit Johannisbrotkernmehl 8 Scheiben / 200g. (ja)

Kochanleitung:
Avocadofleisch pürieren und mit reichlich gemahlenem Pfeffer, Zitronensaft, Rosenpaprika, einigen Tropfen Öl, Chili, frischen gehackten Kräutern und einer Prise Salz würzen. Hüttenkäse (etwa gleiche Menge wie Avocadocreme) vorsichtig untermengen. Passt zu: Kartoffeln und Hirse, mit denen die Avocadocreme in Kombination mit Gemüsegerichten, Hülsenfrüchten oder Blattsalaten eine delikate Mahlzeit ergibt. Eignet sich auch sehr gut als Vorspeise oder als Mitbringsel auf Partys und als Morgenmahlzeit im Sommer, zusammen mit einem milden Gericht aus Linsen oder Adzukibohnen und geraspeltem Rettich.

3.68 Pikante Tofu-Gemüse-Pfanne

Stärkt Magen, lindert Verstopfung, entgiftet, lindert Entzündungen, verbessert Durchblutung, fördert Schwitzen, löst Stagnation, lindert Blähungen, senkt Blutdruck, bakterizid, stärkt Immunsystem, beugt Krebs vor, reduziert Strahlenverletzungen.

Anzahl Portionen: 4
Kalorien p. Portion   241
Gramm p. Portion   329,38
Kochdauer ca.   25 Min.
Allergene: EN
(Kohlehydrat:67,31% / Eiweiß & Fett:32,69%)
100g.≈ Eiweiß 7,37g. Fett:7,33g.
µg. - Ph:15,05 Na:17,26 Ka:39,42 Mg:9,54 Ca:13,3 Fe:0,3 Zn:0,02 Col.:0,01 Hsr.:7,29

Zutaten:
Sesamöl 2 EL / 20g. (empfehlenswert)
Karotte (Mohrrübe, Möhre) 2 Stück / 100g. (empfehlenswert)
Fenchel 1 Stück / 250g. (empfehlenswert)
Lauch (Porree) 1 Stück / 200g. (ja)
Salz 1 Prise / 1g. (wenig)
Kurkuma (Gelbwurz) 1 Prise / 1g. (ja)
Zitrone Saft 1 Spritzer / 1g. (ja)
Soja Tofu 1 Paket / 120g. (ja)
Pfeffer gemahlen 1 Prise / 0,5g. ()
Sojasauce 1 Schuss / 3g. (ja)
Reis Vollkorn 1 Tasse / 120g. (empfehlenswert)
Wasser 6 Tassen / 500g. (ja)
Salz 1 Prise / 1g. (wenig)

Kochanleitung:
In einem heißen Wok oder einer heißen Pfanne Sesamöl erhitzen. Kleingeschnittene Karotten, Fenchel und Lauchscheiben darin anbraten und mit Salz, einem Spritzer Zitronensaft und Kurkuma würzen. Tofuwürfel 1-2 Min. mitbraten. Pfeffer dazugeben und zugedeckt etwa 5 Min. schmoren lassen, dann mit Sojasoße beträufeln. Den Reis in gesalzenem Wasser aufkochen lassen und bei kleiner Hitze ca. 15 Min. quellen lassen.

3.69 Putenbrust mit Gemüse (asiatisch)

Stärkt Blut, baut Milz und Magen auf, stärkt Knochenmark, löst Stagnation, fördert die Verdauung, kuriert Bluthochdruck, befeuchtet Lunge und Dickdarm, gut gegen Depressionen. Reis zur Entwässerung des Körpers bei
Übergewicht und Bluthochdruck.

Anzahl Portionen: 2
Kalorien p. Portion 535
Gramm p. Portion 371
Kochdauer ca. 45 Min.
Allergene: AEN
(Kohlehydrat:54% / Eiweiß & Fett:46%)
100g.≈ Eiweiß 31,92g. Fett:18,02g.
µg. - Ph:27,73 Na:66,82 Ka:46,74 Mg:7,57 Ca:3,14 Fe:0,2 Zn:0,21 Col.:4,05 Hsr.:15,18

Zutaten:
Reis Sorte beliebig 1 Tasse / 120g. (ja)
Wasser 6 Tassen / 240g. (ja)
Pute Brustfleisch 200 g / 200g. (empfehlenswert)
Ingwer frisch 1 cm. / 3g. (empfehlenswert)
Knoblauch 1 Stück / 2g. (ja)
Sojasauce 2 EL / 20g. (ja)
Weizen Mehl 2 TL / 15g. (ja)
Zwiebel Frühlingszwiebel 2 Stück / 40g. (ja)
Paprika 1/2 Stück / 10g. (empfehlenswert)
Champignon 8 Stück / 30g. (ja)
Sesamöl 2 EL / 20g. (empfehlenswert)
Sojasauce 1 EL / 12g. (ja)
Curry 1 Prise / 2g. (ja)
Kurkuma (Gelbwurz) 1 Prise / 2g. (ja)
Chili (Schote oder gemahlen) 1 Prise / 1g. (ja)
Cashewnüsse 2 TL / 25g. (ja)

Kochanleitung:
Reis im Salzwasser gar kochen. Das Putenfleisch in schmale Streifen schneiden. Ingwer und Knoblauch schälen und würfeln und zusammen mit den Fleischstreifen in eine Schüssel geben. 1 EL Sojasoße mit der Weizenstärke vermischen und glattrühren. Danach über das Fleisch geben und alles 30 Min. marinieren. Frühlingszwiebeln und Paprika waschen, putzen und in kleine Stücke schneiden. Die Champignons putzen und vierteln.1 EL des Sesamöls in eine beschichtete Pfanne geben und das marinierte Putenfleisch scharf anbraten und warm stellen. Nun das restliche Öl in die Pfanne geben und das andere Gemüse darin anbraten. Das Fleisch dazugeben und mit Sojasoße und

den Gewürzen abschmecken. Mit dem Reis anrichten. Die Cashewkerne vor dem Servieren über das Gericht streuen.

3.70 Quarkknödel auf Erdbeermus

Erdbeeren stärken Milz, Magen und Blut. Eier beruhigen Nerven und Magen.

Anzahl Portionen: 5
Kalorien p. Portion 553
Gramm p. Portion 296,2
Kochdauer ca. 30 Min.
Allergene: ACG
(Kohlehydrat:40,09% / Eiweiß & Fett:59,91%)
100g.≈ Eiweiß 18,89g. Fett:46,85g.
µg. - Ph:26,63 Na:18,36 Ka:29,44 Mg:4,74 Ca:12,16 Fe:0,21 Zn:0,02 Col.:2,41 Hsr.:3,59

Zutaten:
Topfen (Quark) 20% 500 g. / 500g. (empfehlenswert)
Dinkel Gries 150 g. / 150g. (ja)
Butter Bio 40 g. / 40g. (ja)
Huhn Ei 2 Stück / 120g. (ja)
Zucker (Staubzucker) 2 EL / 20g. (wenig)
Salz 1 Prise / 1g. (wenig)
Brösel (Weizenbrot, Semmel) 3 EL / 25g. (ja)
Butter Bio 100 g. / 100g. (ja)
Erdbeere 500 g. / 500g. (empfehlenswert)
Zucker (Staubzucker) 3 EL / 25g. (wenig)

Kochanleitung:
Quark, Grieß, Butter, Eier, Puderzucker und Salz zu einem glatten Teig verrühren. Den Teig ca. 15 Min. im Kühlschrank ruhen lassen. Danach kleine Knödel (ca. 4 cm) formen und in leicht kochendem Salzwasser ca. 10 Min. ziehen lassen. In einer Pfanne Butter erwärmen und die Brösel darin goldbraun anrösten. Die Knödel vorsichtig in den Bröseln wälzen. Aus Erdbeeren und Puderzucker mit dem Mixstab ein Mus pürieren und zu den Knödeln reichen.

3.71 Reis-Congee mit Hühnerleber und Bocksdornfrüchten

Gut bei Durchblutungsstörungen, Thrombose, Emboliegefahr, Bluthochdruck, Kopfschmerzen, Herzinfarkt und Schlaganfall. Enthält viele Vitamine und Mineralien und hat ein hochwertiges Aminosäurenprofil. Reguliert Blutdruck und Blutzuckerspiegel, stärkt Magen

Anzahl Portionen: 3
Kalorien p. Portion 176
Gramm p. Portion 307,67
Kochdauer ca. 3 Stunden
Allergene: EO
(Kohlehydrat:93,86% / Eiweiß & Fett:6,14%)
100g.≈ Eiweiß 7,51g. Fett:1,45g.
µg. - Ph:13,48 Na:8,14 Ka:12,68 Mg:88,73 Ca:84,13 Fe:0,25 Zn:0,05 Col.:1,44 Hsr.:7,24

Zutaten:
Grundrezept für eine Reissuppe (Congee) 5 Tassen / 800g. (ja)
Huhn Leber 1/2 Tasse / 60g. (wenig)
Bocksdornfrüchte (Fructus Lycii) getrocknet 1/2 Tasse / 60g. (ja)
Sojasauce 1 Schuss / 3g. (ja)

Kochanleitung:
Grundrezept für Reis-Congee herstellen, Hühnerleber und Bocksdornfrüchte mitkochen und mit Sojasoße abschmecken.

3.72 Rhabarberkuchen mit Streuseln

Führt ab, senkt Fieber, schont die Verdauungsorgane, entgiftet, wirkt bei Appetitlosigkeit, Blähungen, Darmentzündung. Lindert Schmerzen, bakterizid, hilft bei brüchigen Nägeln und Haaren, bei trockener Haut, Akne und Ekzemen.

Anzahl Portionen: 8
Kalorien p. Portion 476
Gramm p. Portion 239,5
Kochdauer ca. 1 1/2 Stunden
Allergene: AG
(Kohlehydrat:71,96% / Eiweiß & Fett:28,04%)
100g.≈ Eiweiß 12,4g. Fett:15,41g.
µg. - Ph:14,75 Na:1,3 Ka:29,73 Mg:3,75 Ca:5,17 Fe:0,2 Zn:0,02 Col.:0,01 Hsr.:12,08

Zutaten:
Weizen Mehl 400 g. / 400g. (ja)
Kuhmilch (Vollmilch 3,5 % Fett) 250 ml. / 200g. (ja)
Hefe 30 g. / 30g. (ja)
Honig 2 TL / 5g. (ja)
Sonnenblumenöl 2 TL / 5g. (ja)
Zitrone Schale 1 Stück / 3g. (ja)
Salz 1 Prise / 1g. (wenig)
Rhabarber 1 Kg / 800g. (empfehlenswert)
Margarine 120 g. / 120g. (ja)
Weizen Mehl 300 g. / 300g. (ja)
Vanillezucker natur 2 Prisen / 1g. (ja)
Zimtpulver 2 Prisen / 1g. (ja)
Honig 5 EL / 50g. (ja)

Kochanleitung:
Mehl, abgeriebene Zitronenschale und Salz mischen. Milch leicht erwärmen und mit Hefe und Honig verrühren. Mehlgemisch und Öl zugeben und kräftig durchkneten. Den Teig zugedeckt an einem warmen Ort gehen lassen, bis er die doppelte Menge erreicht hat (ca. 30 Min.). Für die Streusel Mehl mit Vanille und Zimt mischen, danach Honig und Margarine zufügen und zu einer krümeligen Masse verarbeiten. Streuselteig noch kühl stellen. Ein Backblech mit Backpapier auslegen. Den Teig für den Boden noch einmal durchkneten, ausrollen, auf das Backblech legen und noch einmal 10 Min. gehen lassen. Den Rhabarber waschen, putzen, längs halbieren und in ca. 3 cm große Stücke schneiden. Die Stücke gleichmäßig auf dem ausgerollten Teig verteilen und die Streusel über den gesamten Kuchen krümeln. Den Kuchen in dem auf 175 Grad vorgeheizten Backofen ca. 40 Min. backen.

3.73 Rinderkraftbrühe

Erwärmend und nährend, baut Kräfte auf.
Anzahl Portionen: 7
Kalorien p. Portion   125
Gramm p. Portion   263,57
Kochdauer ca.   2-6 Stunden
Allergene: L
(Kohlehydrat:11,28% / Eiweiß & Fett:88,72%)
100g.≈ Eiweiß 21,12g. Fett:3,81g.
µg. - Ph:8,55 Na:2,68 Ka:15,22 Mg:1,38 Ca:2,17 Fe:0,15 Zn:0,03 Col.:0,4 Hsr.:6,57

Zutaten:
Wasser 1 Liter / 1000g. (ja)
Zitrone 2 Spritzer / 2g. (ja)
Rind Fleisch 500 g. / 500g. (ja)
Rind Fleischknochen 2 Stück / 0g. (ja)
Kurkuma (Gelbwurz) gute Prise / 1g. (ja)
Karotte (Mohrrübe, Möhre) 2 Stück / 100g. (empfehlenswert)
Sellerie Knolle 3 cm / 25g. (empfehlenswert)
Petersilienwurzel 1 Stück / 150g. (ja)
Zwiebel weiss 1 Stück / 50g. (ja)
Lorbeerblatt 2-3 Blatt / 2g. (ja)
Koriander 1/2 TL / 2g. (empfehlenswert)
Ingwer frisch 2 cm. / 2g. (empfehlenswert)
Wakame 2 cm. / 1g. (ja)
Petersilie 1 Stiel / 10g. (ja)

Kochanleitung:
Fleisch und Fleischknochen mit kaltem Wasser knapp bedeckt aufsetzen und einige Spritzer Zitronensaft und etwas Kurkuma dazugeben, zum Kochen bringen und einen Moment kochen lassen. Dann die ganze Brühe weggießen, den Topf säubern, Fleisch und Knochen mit heißem Wasser abspülen (dadurch erspart man sich das Abschäumen) und mit 1 l heißem Wasser erneut aufsetzen mit folgenden Zutaten: eine gute Prise Kurkuma, Karotten, Sellerie, Petersilienwurzel, Zwiebel, Lorbeerblätter, Koriander, ein Stück in Scheiben geschnittenen Ingwer, ein Streifen Wakame und ein Stiel Petersilie. Alles zusammen aufkochen und 2-6 Std. köcheln lassen (wenn das Fleisch anderweitig verwendet werden soll, nimmt man es nach 1,5-2 Std. aus der Brühe, sobald es gar ist. Die Knochen gibt man zurück in die Brühe). Nach Ende der Kochzeit die Brühe durch ein Sieb geben und nur diese behalten ohne alle Zutaten. Hinweise: Je länger die Brühe gekocht hat, um so erwärmender und nährender ist sie. Sie ist nach dem Abkühlen 3-4 Tage im Kühlschrank haltbar. Die Brühe kann heiß getrunken werden oder dient als Basis für Suppen mit Getreide, Kartoffeln und frischem Gemüse.

3.74 Rotwein mit Eigelb

Zur Kräftigung nach Krankheit, zur Beruhigung und als Schlafmittel, als Schmerzmittel, bei Verstimmungen, bei Herz-Kreislauf-Störungen.

Anzahl Portionen: 1
Kalorien p. Portion 243
Gramm p. Portion 225
Kochdauer ca. 5 Min.
Allergene: CO
(Kohlehydrat:2,2% / Eiweiß & Fett:97,8%)
100g.≈ Eiweiß 4,22g. Fett:7,98g.
µg. - Ph:83,33 Na:8,33 Ka:108,67 Mg:10,67 Ca:23,56 Fe:1,33 Zn:0,51 Col.:140 Hsr.:0,67

Zutaten:
Rotwein 1 Glas / 200g. (wenig)
Huhn Eigelb 1 Stück / 25g. (wenig)

Kochanleitung:
Rohes Eigelb in Rotwein einschlagen.

3.75 Rührei mit Blattsalat-Oliven-Tomaten

Beruhigt Nerven und Magen, lindert Müdigkeit, verbessert Magen-Darm-Funktionen, fördert Verdauung, regt Leberfunktion an, entgiftet, hilft Fett zu verdauen, harntreibend, senkt Blutdruck.

Anzahl Portionen: 1
Kalorien p. Portion 420
Gramm p. Portion 264,5
Kochdauer ca. 10 min.
Allergene: C
(Kohlehydrat:8,12% / Eiweiß & Fett:91,88%)
100g.≈ Eiweiß 24,41g. Fett:33,87g.
µg. - Ph:158,24 Na:226,06 Ka:184,43 Mg:13,79 Ca:53,45 Fe:1,72 Zn:1,03 Col.:269,53 Hsr.:7,45

Zutaten:
Huhn Ei 2-3 Stück / 180g. (ja)
Olivenöl 1 EL / 10g. (ja)
Salz 1 Prise / 1g. (wenig)
Pfeffer gemahlen 1 Prise / 0,5g. ()
Oliven 6 Stück / 10g. (ja)
Tomate 1 Stück / 50g. (empfehlenswert)
Kopfsalat 2 Blätter / 5g. (empfehlenswert)
Kurkuma (Gelbwurz) 1 Prise / 1g. (ja)
Petersilie 1/2 EL / 5g. (ja)
Basilikum (frisch) 2-3 Blatt / 2g. (ja)

Kochanleitung:
In der Pfanne Olivenöl erhitzen, Tomate in Scheiben schneiden und Salat in kleine Stücke zupfen. Tomaten, Salat und Oliven kurz andünsten und dabei die Eier mit Salz und Gewürzen mit einer Gabel verrühren und diese Masse in die Pfanne eingießen. Mit einem Holzlöffel umrühren, bis die gewünschte Konsistenz erreicht ist.
Gewürze und Kräuter: Kurkuma, Petersilie, Basilikum, Schwarzkümmel.
Variante: Zucchini, Rucola

3.76 Rührei mit Rucola und Kräutern

Beruhigt Nerven und Magen, fördert Verdauung, entgiftet, stärkt Säfteproduktion, treibt Schweiß, reduziert Blutfett, regt an, löst Stagnation, regt Leberfunktion an, harmonisiert Leber und Milz, stärkt Sehkraft, entgiftet.

Anzahl Portionen: 1
Kalorien p. Portion 360
Gramm p. Portion 191
Kochdauer ca. 10 Min
Allergene: CG
(Kohlehydrat:11% / Eiweiß & Fett:89%)
100g.≈ Eiweiß 16,61g. Fett:30,38g.
µg. - Ph:156,1 Na:98,06 Ka:229,29 Mg:15,37 Ca:66,01 Fe:1,96 Zn:0,98 Col.:273,93 Hsr.:9,63

Zutaten:
Butter Bio 2 EL / 20g. (ja)
Ingwer frisch 1 Messerspitze / 1g. (empfehlenswert)
Huhn Ei 2 Stück / 120g. (ja)
Pfeffer gemahlen 1 Prise / 0,5g. ()
Koriander 1 Prise / 1g. (empfehlenswert)
Petersilie 2 EL / 16g. (ja)
Oregano getrocknet 1 TL / 2g. (ja)
Bohnenkraut 1 Prise / 0,5g. (empfehlenswert)

Kochanleitung:
Ein Stück Butter in einer Pfanne schmelzen lassen. Etwas kleingeschnittenen Ingwer kurz darin anbraten. 1 Ei darin aufschlagen und frisch gemahlenen Pfeffer, eine Prise Koriander, Bohnenkraut, etwas Salz, gehackte Petersilie, Rucola und Oregano (kleingeschnitten) unterrühren, bis das Ei stockt, aber noch saftig ist. Dazu passt: Hirse, Polenta, Kartoffeln, getoastetes Brot. Bekömmlicher ist das Gericht jedoch ohne Kohlehydrate.

3.77 Schnellpolenta mit Avocado und Frühlingszwiebel

Gut bei Entzündungen, Schwellungen und Schmerzen. Stärkt Magen und Milz, harntreibend, lässt Gallensaft fließen, löst Stagnation, liefert ungesättigte Fettsäuren, antioxidativ.

Anzahl Portionen: 2
Kalorien p. Portion 449
Gramm p. Portion 286
Kochdauer ca. 10 min.
Allergene:
(Kohlehydrat:55% / Eiweiß & Fett:45%)
100g.≈ Eiweiß 6,92g. Fett:27,5g.
µg. - Ph:16,92 Na:0,99 Ka:54,42 Mg:8,7 Ca:3,02 Fe:0,13 Zn:0,17 Col.:0,01 Hsr.:3,78

Zutaten:
Mais (Schnellpolenta) 1 Tasse / 120g. (ja)
Wasser 2 Tassen / 240g. (ja)
Olivenöl 1 EL / 15g. (ja)
Salz 1 Prise / 1g. (wenig)
Pfeffer gemahlen 1 Prise / 0,5g. ()
Zitrone Saft 1 Schuss / 3g. (ja)
Zwiebel Frühlingszwiebel 2 Stück / 40g. (ja)
Avocado 1/2 Stück / 150g. (ja)
Kurkuma (Gelbwurz) 1 Prise / 1g. (ja)
Basilikum (frisch) 1 TL / 2g. (ja)

Kochanleitung:
Wasser erhitzen. Öl, Zitrone und Gewürze dazugeben. Wenn das Wasser kocht, Polenta unter ständigem Rühren einrieseln lassen und 2 Min. kochen. Wenn der Brei fest wird, ist die Polenta fertig Gewürfelte Avocado und geschnittene Frühlingszwiebel unter die Polenta mischen. Mit frischem Basilikum überstreuen.

3.78 Tee aus Rooibos

Antioxidativ, entzündungshemmend, antibakteriell, antiviral, antifungal, entgiftend (basisch), krebshemmend, schützt durch enthaltene Flavonoide, positive Wirkung bei Alzheimer und Arteriosklerose. Antiallergisch, hemmt die Histaminausschüttung.

Anzahl Portionen: 5
Kalorien p. Portion 0
Gramm p. Portion 200,8
Kochdauer ca. 10 Min.
Allergene:
(Kohlehydrat:0% / Eiweiß & Fett:0%)
100g.≈ Eiweiß 0g. Fett:0g.
µg. - Ph:0 Na:0,2 Ka:0 Mg:0,2 Ca:1 Fe:0 Zn:0 Col.:0 Hsr.:0

Zutaten:
Wasser 1 Liter / 1000g. (ja)

Kochanleitung:
3-4 TL Rooibos mit einem Liter kochenden Wasser überbrühen und 6-10 Min. ziehen lassen. Bei weichem Wasser können Sie weniger Tee für die Zubereitung nehmen, bei härterem Wasser empfehlen wir eine höhere Dosierung.

3.79 Tomaten mit Mozzarella

Fördert Verdauung, hilft Fett zu verdauen, harntreibend, senkt Blutdruck. Hilft bei Appetitlosigkeit, Blähungen, Darmentzündungen, Übelkeit, ist entkrampfend und beruhigend.

Anzahl Portionen: 1
Kalorien p. Portion 436
Gramm p. Portion 217
Kochdauer ca. 5 min
Allergene: AG
(Kohlehydrat:36,98% / Eiweiß & Fett:63,02%)
100g.≈ Eiweiß 14,85g. Fett:30,32g.
µg. - Ph:90,53 Na:176,32 Ka:158,47 Mg:12,75 Ca:109,48 Fe:0,33 Zn:0,5 Col.:10,69 Hsr.:13,46

Zutaten:
Mozzarella 1 Stück / 50g. (ja)
Tomate 2 Stück / 100g. (empfehlenswert)
Salz 1 Prise / 1g. (wenig)
Basilikum (frisch) 5 Blätter / 6g. (ja)
Olivenöl 2 EL / 20g. (ja)
Weißbrot (Weizenbrot) 2 Scheiben / 40g. (wenig)

Kochanleitung:
Tomaten und Mozzarella in Scheiben schneiden. Auf Teller verteilen, salzen und mit Basilikum und Olivenöl anrichten. Dazu Weißbrot servieren.

3.80 Ungarischer Reissalat

Fördert Verdauung, hilft Fett zu verdauen, harntreibend, senkt Blutdruck, stärkt Nieren und Blase, erwärmt den Körper von innen, erweitert die Gefäße, stärkt die Muskeln, reguliert Innenorganfunktionen.

Anzahl Portionen: 2
Kalorien p. Portion 421
Gramm p. Portion 323,75
Kochdauer ca. 25 Min.
Allergene: GM
(Kohlehydrat:54,13% / Eiweiß & Fett:45,87%)
100g.≈ Eiweiß 8,23g. Fett:14,84g.
µg. - Ph:37,91 Na:20,49 Ka:52,31 Mg:11,09 Ca:28,82 Fe:0,24 Zn:0,12 Col.:0,77 Hsr.:9,26

Zutaten:
Reis Vollkorn 1/2 Tasse / 60g. (empfehlenswert)
Wasser 3 Tassen / 300g. (ja)
Salz 1 Prise / 0,3g. (wenig)
Tomate 100 g. / 100g. (empfehlenswert)
Paprika 50 g. / 50g. (empfehlenswert)
Champignon 30 g. / 30g. (ja)
Edamer 30 g. / 30g. (ja)
Joghurt (natur, 1,5 % Fett) 45 g. / 45g. (empfehlenswert)
Salz 1 Prise / 1g. (wenig)
Kräuter verschiedene 1 EL / 8g. (ja)
Rapsöl 2 EL / 20g. (empfehlenswert)
Senf 1 TL / 3g. (ja)
Pfeffer gemahlen 1 Prise / 0,2g. ()

Kochanleitung:
Reis in reichlich kochendem Salzwasser körnig weich kochen und abtropfen lassen. Tomaten und Paprikaschote waschen und entkernen. Beide klein würfeln. Champignons (aus der Dose oder in Rapsöl kurz anrösten) und Käse in kleine Würfel schneiden und zum Reis geben. Marinade herstellen und mit den Zutaten vermischen. Kühl stellen und mindestens 1 Std. durchziehen lassen.

3.81 Vanillecreme mit Beeren

Stärkt die Abwehr gegen Pilzinfektionen, abführend, entgiftend, blutreinigend. Gut bei Körperschwäche, chronischer Verstopfung, Gewichtsverlust.

Anzahl Portionen: 4
Kalorien p. Portion 282
Gramm p. Portion 272
Kochdauer ca. 15 Min.
Allergene: G
(Kohlehydrat:27,7% / Eiweiß & Fett:72,3%)
100g.≈ Eiweiß 13,39g. Fett:31,23g.
µg. - Ph:23,97 Na:6,5 Ka:32,71 Mg:3,46 Ca:21,12 Fe:0,1 Zn:0,02 Col.:0,41 Hsr.:1,8

Zutaten:
Topfen (Quark) 20% 400 g. / 400g. (empfehlenswert)
Joghurt (natur, 1,5 % Fett) 150 g. / 150g. (empfehlenswert)
Zucker braun 2 TL / 8g. (wenig)
Acerola Fruchtnektar oder Pulver 1 TL / 2g. (ja)
Vanillezucker natur 3 paket / 3g. (ja)
Sahne, süß 30% 125 g. / 125g. (wenig)
Erdbeere 100 g. / 100g. (empfehlenswert)
Himbeere 100 g. / 100g. (empfehlenswert)
Brombeere 100 g. / 100g. (empfehlenswert)
Heidelbeere 100 g. / 100g. (ja)

Kochanleitung:
Quark, Joghurt, Zucker, Acerola und Vanillezucker mit dem Handrührgerät oder Schneebesen glatt rühren. Sahne sehr steif schlagen, unter die Quarkcreme mischen und portionsweise mit den Beeren anrichten.

3.82 Vanillepudding

Gegen Verstopfung.

Anzahl Portionen: 2
Kalorien p. Portion 255
Gramm p. Portion 274,5
Kochdauer ca. 10 Min.
Allergene: G
(Kohlehydrat:67,17% / Eiweiß & Fett:32,83%)
100g.≈ Eiweiß 8,11g. Fett:8,88g.
µg. - Ph:44,27 Na:33,55 Ka:70,35 Mg:5,7 Ca:55,16 Fe:0,1 Zn:0,09 Col.:1,37 Hsr.:0

Zutaten:
Kuhmilch (Vollmilch 3,5 % Fett) 500 ml. / 500g. (ja)
Puddingpulver Vanille 1 Paket / 37g. (ja)
Zucker (weiß, aus Rüben) 1 EL / 12g. (wenig)

Kochanleitung:
3-5 EL der Milch in eine Tasse geben und den Rest in einem Topf zum Kochen bringen. Das Puddingpulver zusammen mit dem Zucker und der Milch in der Tasse klümpchenfrei verrühren. Sobald die Milch kocht, die Mischung zugeben und unter ständigem Rühren auf kleiner Flamme ca. 3 Min. kochen. In vorbereitete Schälchen verteilen.

3.83 Weizengrießklößchen mit Olivenkräutersoße und Salat

Schont die Verdauungsorgane, entgiftet, löst Stagnation, lindert Müdigkeit. Gut bei Appetitlosigkeit, Blähungen, Darmentzündung, Fettsucht, Gicht, Magengeschwür, Magenkrämpfen, Rheuma, Sodbrennen.
Anzahl Portionen: 3
Kalorien p. Portion   245
Gramm p. Portion   291,17
Kochdauer ca.   15 Min.
Allergene: ACGL
(Kohlehydrat:76,69% / Eiweiß & Fett:23,31%)
100g.≈ Eiweiß 7,65g. Fett:9,47g.
µg. - Ph:13,31 Na:7,52 Ka:19,16 Mg:23,89 Ca:91,54 Fe:0,29 Zn:0,04 Col.:3,02 Hsr.:8,16

Zutaten:
Sahne, süß 30% 40 g. / 40g. (wenig)
Wasser 65 ml / 65g. (ja)
Weizen Gries 100 g. / 100g. (ja)
Huhn Ei 1 Stück / 60g. (ja)
Pfeffer gemahlen 1 Prise / 0,5g. ()
Zitrone Schale 1 Prise / 1g. (ja)
Zwiebel weiss 1 Stück / 60g. (ja)
Olivenöl 1 TL / 2g. (ja)
Lauchzwiebel Schnittlauch 1 EL / 7g. (ja)
Grundrezept für eine Gemüsebrühe nahrhaft 500 ml / 500g. (ja)
Kopfsalat 2 Handvoll / 30g. (empfehlenswert)
Olivenöl 1 TL / 3g. (ja)
Zitrone Saft 1 TL / 3g. (ja)
Oregano frisch 1 TL / 2g. (ja)

Kochanleitung:
Sahne und Wasser mischen und zum Kochen bringen. Den Weizengrieß einrühren und zu einem dicken Brei kochen. Vom Herd nehmen, das Ei verquirlen und unterrühren, mit Pfeffer und etwas geriebener Zitronenschale würzen. Mit 2 Kaffeelöffeln Klößchen abstechen und in der leicht kochenden Gemüsebrühe ziehen lassen, bis sie oben schwimmen. Die Zwiebel klein hacken, im Olivenöl in einer Pfanne rösten, die Grießklößchen darin schwenken und auf Teller geben. Mit fein geschnittenem Schnittlauch bestreuen. Salat waschen und in feine Streifen schneiden. Mit Olivenöl, Zitronensaft und Oregano würzen.

3.84 Zucchini mit Basilikum-Pesto

Gut bei Blähungen und Übelkeit, entkrampfend und beruhigend. Fördert Verdauung, stärkt Magen und Verdauungssystem, entgiftet, bakterizid, stärkt Muskeln und Knochen, harntreibend, löst Stagnation.
Anzahl Portionen: 3
Kalorien p. Portion 467
Gramm p. Portion 255
Kochdauer ca. 25 Min.
Allergene: ACGHL
(Kohlehydrat:62% / Eiweiß & Fett:38%)
100g.≈ Eiweiß 15,92g. Fett:20,94g.
µg. - Ph:11,85 Na:6,22 Ka:20,93 Mg:4,55 Ca:15,48 Fe:0,13 Zn:0,08 Col.:3,09 Hsr.:6,08

Zutaten:
Basilikum (frisch) 1 Bund / 125g. (ja)
Olivenöl 1 EL / 20g. (ja)
Mandeln 1 EL / 15g. (ja)
Parmesan 30 g. / 30g. (ja)
Grundrezept für eine Gemüsebrühe nahrhaft 3 EL / 45g. (ja)
Zitrone Schale 1 TL / 3g. (ja)
Zitrone 1 TL / 3g. (ja)
Oregano getrocknet 2 TL / 15g. (ja)
Kümmel 1 Prise / 1g. (ja)
Salz 1 Prise / 1g. (wenig)
Pfeffer gemahlen 1 Prise / 1g. ()
Nudeln (Weizen, Spaghetti) mit Ei 200 g. / 200g. (ja)
Salz 1 Prise / 1g. (wenig)
Olivenöl 1 EL / 15g. (ja)
Zwiebel Frühlingszwiebel 2 Stück / 40g. (ja)
Zucchini 250 g. / 250g. (empfehlenswert)

Kochanleitung:
Basilikum, Olivenöl, geriebene Mandeln, Parmesan, Gemüsebrühe und geriebene Zitronenschale zu einer glatten, geschmeidigen Creme pürieren. Pesto mit Salz, Oregano, Kümmel und Pfeffer abschmecken. Die Spaghetti mit etwas Salz in reichlich Wasser bissfest kochen. Olivenöl in einer Pfanne erhitzen und die Frühlingszwiebeln unter Rühren darin weich braten. Zucchini dazugeben und kurz mitbraten. Die Zucchini sollen weich, aber mit Biss sein. Mit Salz abschmecken. Die gut abgetropften Spaghetti mit den Zucchini und dem Pesto in einer Schüssel vermischen und mit Salz und Pfeffer abschmecken.

3.85 Zuckererbsensuppe mit Garnelen

Senkt Blutdruck, stärkt Immunsystem und Magen, lässt Lymphflüssigkeit fließen.
Anzahl Portionen:　3
Kalorien p. Portion　215
Gramm p. Portion　303,87
Kochdauer ca.　15 Min.
Allergene:　BL
(Kohlehydrat:67,32% / Eiweiß & Fett:32,68%)
100g.≈ Eiweiß 19,26g. Fett:4,23g.
µg. - Ph:30,01 Na:10,97 Ka:54,89 Mg:28,47 Ca:89,11 Fe:0,48 Zn:0,11 Col.:2,22 Hsr.:21,79

Zutaten:
Erbsen 250 g. / 250g. (ja)
Grundrezept für eine Gemüsebrühe nahrhaft 1/2 Liter / 500g. (ja)
Olivenöl 1 TL / 3g. (ja)
Zwiebel Frühlingszwiebel 1 Stück / 20g. (ja)
Petersilie 1 Bund / 15g. (ja)
Olivenöl 1 TL / 3g. (ja)
Garnele 8 Stück / 120g. (ja)
Salz 1 Prise / 0,5g. (wenig)
Pfeffer gemahlen 1 Prise / 0,1g. ()

Kochanleitung:
Erbsen in einem Topf mit Wasser weich kochen, abseihen und mit kaltem Wasser abschrecken. Die Petersilie klein hacken, zu den Erbsen geben und mit Gemüsebrühe aufgießen. Zwiebeln klein schneiden und in wenig Olivenöl glasig dünsten, zur Suppe geben und pürieren. Die ausgelösten Garnelen in Olivenöl kurz anbraten, in mundgerechte Stücke schneiden und in die Suppe geben. Mit Salz und Pfeffer abschmecken.

3.86 Zwetschgenkuchen

Entwässert den Körper, regt die Verdauung an, bindet Fette im Darm, lindert Schmerzen, entgiftet, bakterizid, beugt Krebs vor. Gut bei Appetitlosigkeit, Blähungen, Darmentzündung, Fettsucht, Gicht, Magengeschwür, Magenkrampf, Rheuma, Sodbrennen.

Anzahl Portionen: 6
Kalorien p. Portion 503
Gramm p. Portion 307,83
Kochdauer ca. 1 Stunde
Allergene: AG
(Kohlehydrat:71,38% / Eiweiß & Fett:28,62%)
100g.≈ Eiweiß 12,33g. Fett:19,28g.
µg. - Ph:15,91 Na:4,6 Ka:32,67 Mg:3 Ca:5,23 Fe:0,16 Zn:0,02 Col.:0,05 Hsr.:8,3

Zutaten:
Topfen (Quark) 20% 200 g / 200g. (empfehlenswert)
Weizen Mehl 400 g. / 400g. (ja)
Kuhmilch (Vollmilch 3,5 % Fett) 6 EL / 70g. (ja)
Rapsöl 6 EL / 70g. (empfehlenswert)
Honig 8 EL / 100g. (ja)
Backpulver 1 Paket / 3g. (ja)
Salz 1 Prise / 1g. (wenig)
Zimtpulver 1 TL / 3g. (ja)
Zwetschken 1 Kg / 1000g. (empfehlenswert)

Kochanleitung:
Mehl, Quark, Milch, Öl, Honig, Salz und Backpulver zu einem glatten Teig verrühren. Den Teig 15. Min. kühl stellen und quellen lassen. Auf einem mit Backpapier ausgelegten Backblech den Teig auslegen, die Pflaumen gleichmäßig darauf verteilen und mit dem Zimt bestreuen. Für ca. 40 Min. bei 190 Grad backen.

4 Wirkung der Lebensmittel

4.1 Zutaten verwenden: empfehlenswert

Apfel (sauer)
Apfel (süß)
Apfelmus
Birne
Blattsalate (bitter)
Blumenkohl (Karfiol)
Bohnen (grün, frisch)
Bohnenkraut
Borretsch
Brokkoli

Brombeere
Chicorée
Chinakohl
Erdbeere
Feldsalat
Fenchel
Fischstücke gemischt (Süßwasser)
Flaschenkürbis
Forelle
Gemüsesaft

Gewürznelke
Gurke
Gurke (bitter)
Gurke (Gewürzgurke)
Hafer Flocken (Vollkorn)
Hafer Schmelzlocken (Babynahrung)
Hagebutte
Hagebuttentee
Hering
Himbeere
Ingwer frisch
Joghurt (natur, 1,5 % Fett)
Johannisbeere (rot)
Johannisbeere (schwarz)
Johannisbeere (weiß)
Kabeljau
Karotte (Frühkarotte)
Karotte (Mohrrübe, Möhre)
Karottensaft ohne Zucker
Kirsche
Kirsche (sauer)
Kohlrabi
Kohlrübe
Kopfsalat
Koriander
Kräuterteemischung
Lachs
Leinöl
Linsen (Helmbohnen)
Maiskeimöl
Makrele
Maniokmehl
Mittelmeerfisch (Kabeljau, Scholle, Schellfisch, Seeaal, Makrele)
Müsli
Nudeln (Vollkorn) mit Ei
Paprika
Pfirsich
Pfirsich (Dose)
Pflaume
Preiselbeere
Preiselbeersaft
Pute Brustfleisch
Radicchio
Radieschen
Rapsöl
Reis Reisschleim
Reis Vollkorn
Reis Wilder (Naturreis)
Rettich (weiß, grün, lila-rot)
Rettich Meerrettich (Kren)
Rhabarber
Roggen Vollkornbrot
Rosenkohl
Rotbarsch
Rote Rübe
Rotkohl
Schmelzkäse 12%
Scholle
Sellerie Knolle
Sellerie Stangensellerie
Sesamöl
Soja Cuisine (Soja-Sahne)
Sojabohne
Spargel (grün oder weiß)
Speiserüben
Thunfisch
Tomate
Topfen (Quark) 20%
Vogerlsalat (Pflücksalat)
Vollkornbrot
Vollkornbrot mit ganzen Körner
Vollkornmehl
Wacholderbeere
Wachskürbis
Walnüsse
Wassermelone
Weißkohl/Weißkraut
Weizen Mehl Vollkorn
Weizen/Roggen Grau- Schwarzbrot mit Hefe
Weizenkeimöl
Weizenkleie
Wildkräuter
Wirsing/Grünkohl
Zucchini
Zwetschken

4.2 Zutaten verwenden: ja

Aal
Aal geräuchert
Acerola Fruchtnektar oder Pulver
Adzukibohnen
Agar-Agar, Agartang
Agavendicksaft
Ahornsirup
Aloesaft
Amaranth
Amaranth POPS
Ananas
Ananas (aus der Dose)
Ananassaft ungezuckert
Andornkraut

Angelikawurzel
Anis (gemeiner Fenchel)
Apfelsaft (Naturtrüb)
Aprikose
Aprikose getrocknet
Aprikosen Marmelade
Aprikosennektar
Artischocke
Aubergine
Austern
Austernpilze
Austernschalenpulver
Avocado
Backpulver
Baldrian
Bambussprossen
Banane
Banane Kochbanane
Banchatee
Bärentraubenblätter
Bärlauch (Knoblauchspinat)
Barsch
Basilikum
Basilikum (frisch)
Bataviasalat
Beeren der Saison
Beerensaft
Benediktinerdistel
Berberitzenrindetee
Birnensaft
Bitter Lemon
Bitterklee
Bitterorangenschale
Blätterteig
Blütenpollen
Bocksdornfrüchte (Fructus Lycii) getrocknet
Bockshornklee
Bohnenöl
Borretschöl
Boxhornkleesamen
Bratöl
Brennnessel
Brie
Brombeerblätter
Brombeere getrocknet (unreife)
Brombeermarmelade
Brösel (Weizenbrot, Semmel)
Brot mit Johannisbrotkernmehl
Buchweizen
Buchweizen (geröstet) Kasha
Buchweizen Vollkorn
Bulgur (Getreide)
Buschbohnen

Butter (halbfett)
Butter Bio
Butterbohnen weiße
Buttermilch
Calamari
Camembert
Cashewnüsse
Champignon
Channa-Dal
Chenpi (chinesische Mandarinenschale)
Chili (Schote oder gemahlen)
Chlorella (Süßwasser)
Chrysanthemenblütentee
Clementinen
Colagetränk (kalorienarm)
Couscous
Cranberries
Creme fraiche
Cumin (Kreuzkümmel)
Curry
Currypaste rot
Dashi
Datteln getrocknet
Datteln rot
Dill
Dinkel
Dinkel Brot
Dinkel Flocken
Dinkel Gries
Dinkel Vollkornmehl
Distelöl
Dornhai (Seeaal, Schillerlocken)
Dorsch
Dulse (Lappentang)
Edamer
Eibennuss
Eibisch (Hibiscus)
Eisbergsalat
Emmentaler
Endiviensalat
Ente (Frühmastente, schlachtfrisch)
Ente (Herz)
Entenei
Enzianwurzel
Erbse, grün
Erbsen
Erdbeermarmelade
Erdbeersaftgetränk
Erdnussbutter
Erdnüsse
Erdnussöl
Essig (Apfelessig)
Essig (Rotweinessig)

Essig Aceto Balsamico
Essig Aceto Balsamico weiss
Essiggurke
Estragon
Färberdiestel (Hong Hua)
Färberginsterkraut
Fasan
Feige
Feige getrocknet
Fenchelsamen gemahlen
Fencheltee
Feta
Fischsouce
Flohsamen
Flunder
Forelle (geräuchert)
Frischkäse
Frischkäse aus Soja
Frischkäse mit Kräuter
Früchtetee
Fruchtzucker (Fruktose, Traubenzucker)
Gagelpflaume
Galgant
Gans
Gans (Gänseklein)
Gans (Gänseschmalz)
Gänseblümchen
Gänseblut
Gänseei
Garam Masala Pulver
Garnele
Gelatine weiss
Gelee Royal
Gerste
Gerste (Nacktgerste)
Gerste (Perlgerste)
Gerstengras Pulver
Gerstengraupen
Gerstengrütze
Gerstenmalz
Gerstenmehl
Getreidekaffee
Ginkgofrucht
Ginsengwurzel
Glühweingewürzmischung
Gorgonzola
Gouda
Granatapfel
Grapefruit getrocknete Schale
Grapefruit/Pampelmuse/Pomelo
Grapefruitsaft
Graskarpfen
Grundrezept für eine Entenbrühe
Grundrezept für eine Fischbrühe
Grundrezept für eine Gemüsebrühe nahrhaft
Grundrezept für eine Hühnerbrühe wärmend
Grundrezept für eine Reissuppe (Congee)
Grundrezept für eine Rinderbrühe
Grundrezept für eine Rinderbrühe wärmend
Grüner Tee
Grünkern
Guave
Hafer
Hafer Flocken geröstet
Hafer Mehl
Hafer Milch
Hafer Schrot
Haifisch
Hammel
Hase
Hase, wild
Haselnüsse
Hefe
Heidelbeere
Heidelbeere getrocknet
Heidelbeermarmelade
Heidelbeersaft
Heilbutt
Hibiskustee
Hijiki
Himbeerblättertee
Himbeere getrocknet (unreife)
Himbeermarmelade
Hiobsträne (Samen) YiYi Ren
Hirsch Fleisch
Hirsch Knochen
Hirsch Nieren
Hirse
Hirseflocken
Hokkaidokürbis
Holunderbeeren
Holunderblütentee
Honig
Honigmelone
Hopfen
Huhn Blut
Huhn Ei
Huhn Eiweiß
Huhn Fleisch
Huhn Herz
Huhn Magen
Hummer
Hüttenkäse

Ingwer Pulver
Ingweröl
Jakobstränen
Jasminblütentee
Joghurt (natur, 3,5 % Fett)
Johannisbeermarmelade (rot)
Johannisbeermarmelade (schwarz)
Johannisbeernektar (schwarz)
Johannisbrotkernmehl
Kaffee
Kaffeeweißer
Kakao
Kaki-Pflaume
Kaktusfeige
Kalmus
Kamille
Kaninchen Fleisch
Kaninchen Leber
Kapern (eingelegt)
Kapuzinerkresse
Karambole/Sternfrucht
Karausche
Kardamom
Karpfen
Kartoffel
Kartoffel (mehlige)
Kartoffelmehl
Käsepappeltee
Kastanien (Maronen)
Kaviar
Kefir
Kerbel
Kerbel getrocknet
Kichererbsen
Kirschenkompott
Kirschsaft
Kiwi
Klementine
Klettenwurzeltee
Knäckebrot
Knoblauch
Kokosflocken
Kokosmilch
Kokosnussfleisch
Kokosraspeln
Kombualge
Kompott (Früchte der Saison)
Koriandergrün
Korinthen (rot)
Korinthen (schwarz)
Krabbe
Krake
Kräuter bittere
Kräuter der Provence

Kräuter verschiedene
Kräuter Wildkräuter
Kresse
Kuhmilch (1,5 % Fett)
Kuhmilch (Vollmilch 3,5 % Fett)
Kukichatee
Kümmel
Kümmel gemahlen
Kumquat
Kürbis
Kürbiskerne
Kürbiskernöl
Kurkuma (Gelbwurz)
Kuzu
Lamm Fleisch
Lamm Knochen
Lamm Schulter
Languste
Lauch (Porree)
Lauchzwiebel Schnittlauch
Laugengebäck
Lavendelblüten
Leberglättertee
Leinsamen
Leinsamen (geschrotet)
Liebstöckel
Liebstöckelsamen
Limabohnen
Lindenblütentee
Linsen gelb
Linsen rot
Linsen schwarz
Löffelbiskuit
Longane
Loquate/Japanische Mispel
Lorbeerblatt
Lotossamen
Lotoswurzeln
Löwenzahn (junger)
Löwenzahnsaft
Löwenzahnwurzeltee
Luohan-Frucht
Lychee
Lychee (Konserve)
Magermilchpulver
Mais
Mais (geröstet)
Mais (Schnellpolenta)
Mais Gries (Polenta)
Mais Mehl (Maizena)
Maishaartee
Maisstärke
Majoran
Makannastern Samen

Malventee
Malz
Mandarine
Mandelmilch
Mandelmus
Mandeln
Mandeln Marzipan
Mango
Mangold
Mangopulver
Mangosaft
Margarine
Margarine (Diät)
Marillen
Marillensaft
Maulbeerfrucht
Meeräsche
Meereskrebs
Mehrkornbrot (Graubrot)
Melisse
Miesmuscheln
Mineralwasser
Mirabelle
Miso
Miso schwarz (fermentiert)
Mispel
Mixed Pickels
Mohn
Molke
Moosbeere
Morchel (schwarz, getrocknet)
Mozzarella
Mu-Erh-Pilz
Mungbohne
Mungbohnensprossen
Muskatnuss
Nachtkerzenöl
Nektarine
Nelke
Nierenbohnen (rote)
Nori, Purpurtang, Rotalge
Nudeln (Weizen) mit Ei
Nudeln (Weizen, Bandnudeln) mit Ei
Nudeln (Weizen, Lasagneblätter) mit Ei
Nudeln (Weizen, Spagetti) mit Ei
Obstmischung Fruchtsaft
Odermennig
Okra
Oliven
Oliven grün
Olivenöl
Orange
Orange abgeriebene Schale
Orange getrocknete Schale
Orange Schale
Orangenblüten
Orangenmarmelade
Orangensaft
Oregano frisch
Oregano getrocknet
Palmöl
Papaya
Paprika (Rosenpaprikapulver)
Paprika (süß)
Paranuss
Parmesan
Passionsblumenblütentee
Passionsfrucht (Maracuja)
Pastinake
Peperoni
Peperoni, gelb, entkernt, halbiert
Peperoni, rot, entkernt, halbiert
Petersilie
Petersilienwurzel
Pfeffer Cayenne
Pfeffer Körner
Pfeffer weiss (gemahlen)
Pfefferminze
Pfefferminztee
Pfeilwurzelmehl
Pferd Fleisch
Pfifferlinge/Eierschwammerl
Pflaume getrocknet
Piment
Pinienkerne
Pintobohnen gesprenkelt
Pistazien
Preiselbeermarmelade
Puddingpulver Vanille
Pumpernickel
Pute Schinken
Qualle
Quargel 20%
Quinoa
Quitte
Reh Fleisch
Reineclaude
Reis Basmatireis
Reis Duftreis
Reis Gaoliangreis (Sorghum)
Reis Klebreis
Reis Langkornreis
Reis Roter
Reis Rundkornreis
Reis Schwarzer
Reis Sorte beliebig
Reis Süßer
Reishi

Reismalz
Reismehl
Reisnudeln
Reisstärke
Rettich schwarz
Rettichblätter (vom Wochenmarkt)
Rind (Kalb)
Rind Filet
Rind Fleisch
Rind Fleischknochen
Rind Herz
Rind Herz (Kalb)
Rind Knochenmark
Rind Lunge (Kalb)
Rind Magen
Rind Ochsenschwanzstücke
Rind Suppenfleisch
Roggen
Roggenmehl
Römersalat/Lattich-Salat
Rosenblättertee
Rosenblütentee
Rosinen
Rosmarin
Rote Grütze (ohne Zucker)
Safran
Sago (Getreide)
Sahne 10% Kaffeesahne
Sahne sauer 10%
Sahne sauer 20%
Sahne sauer 30%
Sake
Salbei
Salz Kräutersalz
Sanddorn
Sardellen/Sardine
Saubohnen (Dicke Bohnen)
Sauerampfer
Sauerkirsche
Sauerkraut
Sauermilch
Sauerrahm 15% Fett
Sauerteig
Schaffleisch
Schafgarbe
Schafgarbentee
Schafmilch Joghurt
Schafskäse
Schafsmilch
Schimmelkäse
Schlehdorn
Schmelzkäse 30%
Schnecke
Schwarzaugenbohnen

Schwarze Bohnen
Schwarzer Fungu Pilz
Schwarzkümmel
Schwarztee
Schwarzwurzel
Schwedenkraut (Schwedenbitter)
Schwein Blut
Schwein Bratwurst
Schwein Darm
Schwein Fett
Schwein Fleisch
Schwein Haut
Schwein Haxe (Eisbein)
Schwein Hirn
Schwein Lunge
Schwein Magen
Schwein Markknochen (Röhrenknochen)
Schwein Mettwurst
Schwein Schinken
Schwein Schinken gekocht
Schwein Schinken geselcht
Schwein Schinkenspeck
Seegurke
Senf
Senf Dijon
Senf mittelscharf
Senf süß
Senfsamen
Sesam Paste (Tahini)
Sesam, Schwarzer
Sesam, Weißer
Sesamöl geröstet
Shiitake, getrocknet
Shrimps
Silbermorchel, getrocknet
Soja Tofu
Soja Tofu geräuchert
Sojabohnen, Gelbe
Sojabohnen, Schwarze
Sojabohnen, Schwarze, fermentiert
Sojabohnenmilch
Sojacreme
Sojamehl
Soja-Nudeln
Sojaöl
Sojapaste (Miso)
Sojasauce
Sonnenblumenkerne
Sonnenblumenöl
Spinat
Spitzwegerichtee
Stachelbeere
Stangenbohnen (Fisolen)

Steinpilz/Herrenpilz
Sternanis
Stevia (Süßkraut)
Stutenmilch
Süßholzwurzeltee
Süßkartoffel
Süßwasserfisch
Süßwasserkrebs
Tabasco
Taube
Taube Ei
Teemischung Harnsäuresenkend
Thymian
Thymian getrocknet
Tintenfisch
Toastbrot (Vollkorn)
Tomate getrocknet
Tomatenmark
Tomatenpüre
Tomatensaft
Tonicwasser
Topfen (Quark) 40%
Trauben rot
Trauben weiß
Traubenkernöl
Traubensaft rot
Traubensaft weiß
Trüffel
Tsampa (geröstetes Gerstenmehl)
Umeboshipaste
Umeboshipflaumen (Japanaprikosen)
Vanille
Vanillepulver
Vanilleschote
Vanillezucker natur
Vogelmiere
Wachtel
Wachtel Ei
Wakame
Walderdbeeren
Walnüsse geröstet
Walnussöl
Wasser

Wasser heiss
Weißdorn
Weiße Bohnen
Weißfischchen
Weißwurz
Weizen
Weizen Bulgurweizen
Weizen Fladenbrot
Weizen Flocken
Weizen Gras Pulver
Weizen Gries
Weizen Gries - Kindergries
Weizen Mehl
Weizengrassaft
Wermutkraut
Wildschwein Fleisch
Yamswurzel, Yamswurzelknolle
Yogitee
Ysop
Ziege
Ziegen- und Schafsblut
Ziegen- und Schafshirn
Ziegen- und Schafsmagen
Ziegen- und Schafsmilch
Ziegenkäse
Zimtpulver
Zimtstange
Zitrone
Zitrone Saft
Zitrone Schale
Zitrone, Limette
Zitronengras
Zitronenmelisse (frisch)
Zitronenmelisse (getrocknet)
Zucker Fructose Fruchtzucker
Zucker Glukose Traubenzucker
Zucker Milchzucker
Zuckerersatz (Süßstoff)
Zwieback
Zwiebel Frühlingszwiebel
Zwiebel rot
Zwiebel Schalotte
Zwiebel weiss

4.3 Zutaten verwenden: wenig

Bier (alkoholarm)
Bier (alkoholfrei)
Bier (Altbier)
Bier (Pils)
Bitterlikör
Brötchen (Semmel)
Butterschmalz
Campari

Colagetränk
Erdnuss (geröstet)
Fernet Branca (Kräuterbitterlikör)
Fisch Innereien
Fischreste
Ginsenglikör
Honigwein (Met)
Huhn Eigelb

Huhn Leber
Kokosfett
Lamm Leber
Lamm Nieren
Lycheelikör
Malzbier
Martini
Mayonnaise 50%
Mayonnaise 80%
Prosecco
Rind Leber
Rind Niere
Rotwein
Rum
Sahne, süß 30%
Salz
Schnaps
Schokolade
Schokolade (Diabetiker)
Schwein Herz
Schwein Leber

Schwein Nieren
Schwein Schmalz
Sherry
Weißbrot (Weizenbrot)
Weißbrot Baguette
Weißbrot Brösel (Weizenbrot)
Weißbrot Knödelbrot (Weizenbrot)
Weißbrot Salzstangerl
Weißbrot Semmel
Weißwein
Weizen Bier
Wermut
Ziegen- und Schafsleber
Zucker (Staubzucker)
Zucker (weiß, aus Rüben)
Zucker braun
Zucker Kandis weiß
Zucker Melasse
Zucker Palmzucker
Zucker Ursüße (Zuckerrohr) süß

4.4 Kontraindikativ wirkende Lebensmittel nicht verwenden

Astronautenkost

5 Komplementär

5.1 Dekokt (Abkochung)

5.1.1 Ingwer frisch

Treibt Schweiß, reduziert Blutfett, regt an, lindert Erbrechen, fördert den Speichelfluss, stärkt das Herz, wirkt schleimlösend.
1–6 Scheiben der frischen Wurzel 3 Min. in einer Kanne Wasser ziehen lassen. 10 g in zwei Dosen auf leeren Magen trinken.
Zur Geschmacksverbesserung eignet sich brauner Rohzucker
Besonderheiten: In der TCM wird die frische Ingwerwurzel hauptsächlich gegen Fischvergiftung sowie Erkältungen von Lunge und Magen verwendet. Da Ingwer die Nährstoffaufnahme fördert, wird er häufig in unterschiedlichen Rezepturen eingesetzt, um die rasche Aufnahme anderer Kräuter zu erleichtern und deren Wirkung dadurch zu verstärken. Ingwer enthält das verdauungsfördernde Enzym Zingibain. Die verdauungsfördernde Wirkung dieses Stoffes ist stärker als die des Enzyms Papain.
In zu großen Mengen führt Ingwer zu Verstopfung., Nicht anwenden bei: Schwangerschaft, hohem Fieber.

5.1.2 Wacholderbeeren

Fördert Verdauung. Gut gegen Appetitlosigkeit, Müdigkeit, Rheuma, Gicht, Abwehrschwäche, Reizblase. Harnregulierend.
2 Teelöffel des Tees mit 250 ml kochendem Wasser übergießen und 10 Minuten ziehen lassen. Danach absieben. Nach Bedarf 2 bis 3 Tassen pro Tag trinken.
Verwendung: Tee, würzen
.
Überdosierung meiden, Schwangere und akuten Nierenkranke sollten verzichten. Bei äußerlicher Einwirkung kann es zu einer Entzündung der Haut mit Blasenbildung kommen.

5.2 Fertiggetränk

5.2.1 Aronia (Apfelbeeren)
Gegen freie Radikale. Aufgrund des hohen Flavonoid-, Folsäure, Vitamin-K- und Vitamin-C-Gehalts zählt die Aronia zu den Heilpflanzen. Die Aronia sind im Fachhandel als getrocknete Beeren, als Saftkonzentrat, als Tee und als Getränk erhältlich.
1-2 Glas pro Tag
Aufgrund des hohen Flavonoid-, Folsäure, Vitamin-K- und Vitamin-C-Gehalts zählt die Aronia zu den Heilpflanzen. Die Aronia sind im Fachhandel als getrocknete Beeren, als Saftkonzentrat, als Tee und als Getränk erhältlich.

5.3 Heilbad

5.3.1 Bad mit Kamille
Entzündungshemmend, antibakteriell, krampflösend, wundheilungsfördernd. Beruhigender Effekt auf die Psyche.
Für ein Bad können ca. 40-60g getrocknete Kamillen als Sud oder je nach Gebrauchsanweisung Kamillenextrakt verwendet werden.

5.4 Heil-Tee (Aufguss)

5.4.1 Anis
Erhöht die Gallenausscheidung, Positiv bei Herzerkrankungen, Empfehlenswert für die Gallen- und Leberdiät, Mittel gegen Blähungen, kräftigt den Magen, Gute Dienste bei Husten, stimulierend. Asthma, Husten, fördert Milchsekretion.
3 TL pro Tasse
Wirkstoffe: Salizylsäure, Kreosol, Alpha-Pinene, trans-Anethol, fettes Öl, Zucker, Eiweiß.
Ein heißer Aufguss (Infus) wird aufgrund seiner schleimlösenden Wirkung als Hustenmittel auf Grund von krampflösender und blähungstreibender Wirkung auch bei Magen-Darm-Beschwerden, verwendet. Anistee wird daher oft auch mit Fenchel und Kümmel gemischt bei Verdauungsbeschwerden, Blähungen, Koliken und Krämpfen eingesetzt.

5.4.2 Baldrian

Blutdrucksenker, Nerven- und Beruhigungsmittel, krampflösend, Linderung klimakterischer Beschwerden.
2 Teelöffel des Tees mit 250 ml kochendem Wasser übergießen und 10 Minuten ziehen lassen. Danach absieben. Nach Bedarf 2 bis 3 Tassen pro Tag trinken.
Wirkstoffe: Baldriansäure, Valepotriate, Bizyklische Sesquiterpene, Alkaloide
Nicht während der Schwangerschaft und Kinder unter 12 Jahren.

5.4.3 Birkenblätter

Dieser Tee ist harntreibend und hilft bei Nierenleiden, Wassersucht, Gicht und reinigt das Blut, hilft zudem bei bakteriellen und entzündlichen Harnwegserkrankungen, Nierengrieß und rheumatischen Beschwerden.
2 EL zerkleinerte Birkenblätter mit 250 ml kochendem Wasser übergießen, 10 Minuten ziehen lassen. Danach absieben.
Trinken Sie davon eine Tasse pro Tag.

5.4.4 Brennnessel Blätter

Appetitanregend, Blutreinigend, Blutstillend, Durchfall, Fördert die Blutbildung, Haarwuchsfördernd, Harntreibend, Harnwegserkrankungen, Rheumatismus, Schleimlösend, Stoffwechselanregend, Rheuma, Arthritis, Blutzuckersenkend, Entgiftend.
2-4 Teelöffel des Tees mit 250 ml kochendem Wasser übergießen und 10 Minuten ziehen lassen. Danach absieben. Nach Bedarf 2 bis 3 Tassen pro Tag trinken.
Wirkstoffe: Flavonoide, Chlorophylle, Vitamine, Mineralsalze, Beta-Sistosterin, Pflanzensäure, Histamin in den Haaren.

5.4.5 Pfefferminzblätter

Entkrampft, befreit Lunge und Nase (Inhalieren), reguliert Zyklus. Regt Gallenfluss und Gallensaftproduktion an, krampflösend
 bei Beschwerden im Magen-Darm-Bereich, antimikrobiell und antiviral.
2-10 g mit 250 ml kochendem Wasser übergießen und 10 Minuten ziehen lassen. Danach absieben. Nach Bedarf 2 bis 3 Tassen pro Tag trinken.
Wirkstoffe: äth. Öl (Menthol), Gerbstoffe, Flavonoide, Bitterstoffe
Nicht lange kochen; nicht verwenden bei: Biao-Xu-Schwitzen oder Schwangerschaft.

5.4.6 Rooibos

Antioxidativ, entzündungshemmend, krebshemmend, schützt durch enthaltene Flavonoide, positive Wirkung auch auf Alzheimer, Arteriosklerose. Antiallergisch, hemmt die Histaminausschüttung. Antibakteriell, antiviral, antifungal, entgiftend (basisch).
3-4 Teelöffel Rooibos mit einem Liter kochendem Wasser überbrühen und 6-10 Min. ziehen lassen. Bei weichem Wasser benötigen Sie weniger Tee für die Zubereitung, bei härterem Wasser empfehlen wir eine höhere Dosierung.

5.5 Komplementäre Anwendung

5.5.1 Apitherapie

Die Heilwirkung von Honig, Propolis, Blütenpollen, Gelee Royale und Bienengift: Propolis hat starke antibakteriellen, pilzhemmende und antiallergischen Eigenschaften und unterstützt dadurch jeden Heilungsprozess.
Das Heilen mit Bienenprodukten ist eine der ältesten Therapieverfahren. Die Heilwirkung von Honig, Propolis, Blütenpollen, Gelee Royale und Bienengift sind lange bekannt. Propolis hat starke antibakteriellen, pilzhemmende und antiallergischen Eigenschaften und unterstützt dadurch jeden Heilungsprozess. Blütenpollen ist aufgrund seines Reichtums an essenziellen Aminosäuren, sekundären Pflanzenstoffen (u. a. Flavonoide), organisch gebundenen Mineralstoffen und Vitaminen ein wichtiges Mittel zur Stärkung der Abwehrkräfte. Das Wachstum von Krebszellen (Neuroblastom) könnte gehemmt werden. Der Wirkstoff Artepillin C soll die Bildung neuer Blutgefäße im Tumor hemmen, was zum Aushungern und damit zur Schrumpfung führen kann. Heute weiß man, dass die Entstehung bestimmter Krebsarten im Zusammenhang mit Viren steht. In dem Propolis seine antivirale Wirkung entfaltet, kann eine krebsvorbeugende und krebshemmende Wirkung entstehen.

5.5.2 Einschlafkissen mit Hopfenzapfen

Entspannend, ausgleichend, stimmungsaufhellen.
Bei Bedarf anwenden.

5.5.3 Qi-Gong

Qigong ist eine chinesische Meditations-, Konzentrations- und Bewegungsform zur Kultivierung von Körper und Geist
Qigong ist eine chinesische Meditations-, Konzentrations- und Bewegungsform zur Kultivierung von Körper und Geist, die auch Teil der traditionellen Chinesischen Medizin ist. Auch Kampfkunst-Übungen

werden darunter verstanden. Zur Praxis gehören Atemübungen, Körper- und Bewegungsübungen, Konzentrationsübungen und Meditationsübungen der inneren Stille. Die Übungen dienen zur Anreicherung und Harmonisierung des Qi (Physische und Geistige Energie).

5.5.4 Vitamin D Präparate

Vitamin D ist eine Vorstufe eines lebensnotwendigen Hormons und unterstützt die Regulierung des Calcium-Spiegels im Blut (gegen Osteoporose), es beeinflusst aber auch die Funktion der Muskeln.
Dosierung nach Rücksprache mit einem Ernährungsberater und nach Herstellerangaben.
Für eine ausreichende Versorgung mit Vitamin D ist eine angemessene Sonnen- oder UV-B-Bestrahlung notwendig.
Überdosierung schadet der Gesundheit.

5.5.5 Vitamin K2 Präparate

Normalisiert die Blutgerinnung. Baut Knochendichte auf.
Vitamin K2 kann die GLA-Proteine, welche für die Blutgerinnung sowie die Steuerung von Calcium verantwortlich sind aktivieren. Bei einem Mangel, kann sich das Calcium in den Knochen nicht mehr einlagern und es kommt zu Osteoporose.

5.6 Öl für Massage

5.6.1 Arnika

Arnika Massageöl fördert die Durchblutung, lockert die Muskulatur.
Innerlich eingenommen: gut gegen zerebrale Durchblutungsstörungen, Venen und Arterienerkrankung, Traumata, Hämatome, Angina Pectoris, Arteriosklerose, Kreislaufschwäche, Bronchitis.
Massageöl aus 10g Arnikablüten und 50g Aloe-Vera Öl ansetzen und 3 Wochen zeihen lassen (ev. in die Sonne stellen und gelegentlich schütteln).
Arnikablüten kommt zum Einsatz bei: Gewebs- und Organschädigungen (z.B. nach mechanischen Einwirkungen und bei Störungen der Blutversorgung); Verletzungen wie Zerrungen, Quetschungen, Blutergüsse. Nach dem Waschen, Baden, Duschen oder Schwimmen sparsam in die noch feuchte Haut einmassieren. Während der Schwangerschaft regelmäßig verwenden, um Schwangerschaftsstreifen zu vermeiden. Vor innerer Anwendung von Arnika ist abzuraten. Sie kann zu Übelkeit, Erbrechen und Herzbeschwerden führen.

5.7 Pulver

5.7.1 Acerola

Reich an Vitamin C. Vitamin C gehört zu den fünf wichtigsten Antioxidantien. Es zählt zu den wirksamsten Gegenspielern der sogenannten freien Radikalen. Hemmt die Histaminfreisetzung (bei Allergien)
Saft, Fruchtfleisch, Konzentrat und Pulver
1g Acerolapulver (½ Teelöffel), in ein Getränk oder unter Müsli, Yoghurt usw. mischen
Reich an Vitamin C. Beliebt ist die Verwendung von Saft, Fruchtfleisch, Konzentrat und Pulver als Vitaminanreicherung anderer Fruchtsäfte als Säurezusatz zur Verstärkung des Eigenaromas anderer Früchte oder zur Speiseeis-, Konfitüre- und Gelee-Herstellung.

5.8 Speisezugabe

5.8.1 Beifuß

Reduziert Blutungen, lindert Schmerzen. In der Küche wird Beifuß als Gewürz für fettes Essen benutzt. Da er viele Bitterstoffe enthält, kurbelt er die Fettverbrennung an und fördert die Verdauung.
3-10 g
Nicht in der Schwangerschaft verwenden.

5.9 Verschiedene Möglichkeiten

5.9.1 Bär-Lauch

Ihre Inhaltsstoffe, u.a. ätherische Öle und Vitamin C, werden den heilkundlich angewendet; v.a. die normalisierende Wirkung auf Darmflora und Kreislauf wird geschätzt.
Frisch oder als Pesto als Speisewürze oder Brotaufstrich.
Das Liliengewächs hat meist 2 grundständige, eiförmig bis lanzettliche Blätter mit langen Stielen. An der Spitze des 3kantigen
 Stängels sitzt der doldige, 5-20blütige Blütenstand. 6 freie, weiße Blütenblätter von ausgeprägt spitzer, lanzettlicher Gestalt bilden die Blütenhülle. Brutzwiebeln im Blütenstand sind nicht vorhanden.
Bär-Lauch ist meist in größeren Beständen in Auenwäldern und anderen schattig-feuchten Mischwäldern zu finden.
Die Pflanze riecht stark nach Knoblauch.

5.9.2 Koriander

Die ätherischen Öle wirken appetitanregend, verdauungsfördernd, krampflösend und lindernd bei Magen- und Darmleiden.
3-6 g
Wirkstoffe: Gerbstoffe, äth. Öl, Vitamin C, Sitosterin, Eiweiß
Wenn Masern oder Windpocken schon ausgebrochen sind, nicht verwenden. Nicht überdosieren.

5.9.3 Meerrettich

Gut gegen Allergien, Stirnhöhleninfektionen, Nieren - u. Blaseninfektion, Bronchitis, Rheuma, Kopf - u. Zahnschmerzen.
Wirkstoffe: Senföl, Glykoside, Gluconasturtiin, Sinigrin, Vitamin C, Kalium
Zuviel kann zu Reizungen im Magen - Darm u. Niere führen.

5.9.4 Rosskastanie

Gut gegen Krampfadern, Falten, Hämorrhoiden, Rheumatische Beschwerden, Menstruationsproblemen, Krämpfe.
Wirkstoffe: Aesculus-Saponine, Gerbstoffe, Flvonglykoside
Nit verwenden bei Schwangerschaft, empfindlichem Magen.

6 Grundlagen der Ernährung

Die hier beschriebenen Grundlagen der Ernährung zeigen allgemeine Empfehlungen und beziehen sich nicht auf eine spezielle Therapieform. Die Empfehlungen der Therapie haben Vorrang.

6.1 Ernährung

Die regelmäßige Einnahme von Mahlzeiten in entspannter Atmosphäre. Ein wärmendes Frühstück gilt als guter Start in den Tag.
Mittags sollte die Hauptmahlzeit stattfinden - das Abendessen am frühen Abend.

Die Beachtung von Hunger- und Sättigungsgefühlen: Nicht überessen und nicht hungern, so lautet die Regel.

Die frische Zubereitung der Speisen aus naturbelassenen, regionalen Produkten. Tiefgekühlte, hitzekonservierte, industriell vorgefertigte oder mikrowellengegarte Lebensmittel werden gemieden.

Die Auswahl von Lebensmittel nach der Jahreszeit: Im Sommer mehr kühlende Nahrung, im Winter mehr wärmende Nahrung.

Mindestens zweimal am Tag Gekochtes essen. Speisen und Getränke sollen möglichst handwarm, niemals eiskalt oder heiß sein.

Rohkost, kurz gegartes Gemüse, frisch gepresste Säfte und Mineralwasser werden üblicherweise nicht empfohlen. Milch und Milchprodukte stehen nur dann auf dem Speiseplan, wenn sie problemlos vertragen werden.

Therapeutische Rezepte nicht über einen längeren Zeitraum ohne Rücksprache mit dem Arzt oder Therapeuten einnehmen.

1. Vielseitig essen
Lebensmittelvielfalt genießen. Merkmale einer ausgewogenen Ernährung sind abwechslungsreiche Auswahl, geeignete Kombination und angemessene Menge nährstoffreicher und energiearmer Lebensmittel. (Einerseits Schutz vor Unterversorgung mit essentiellen Nährstoffen und andererseits Schutz vor einer überhöhten Zufuhr unerwünschter Inhaltsstoffe.)

2. Reichlich Getreideprodukte - und Kartoffeln
Brot, Nudeln, Reis, Getreideflocken (am besten aus Vollkorn), sowie

Kartoffeln enthalten kaum Fett, aber reichlich Vitamine, Mineralstoffe, Spurenelemente sowie Ballaststoffe und sekundäre Pflanzenstoffe. Diese Lebensmittel sollten mit möglichst fettarmen Zutaten verzehrt werden.

3. Gemüse und Obst - Nimm "5" am Tag ...
5 Portionen Gemüse und Obst am Tag, möglichst frisch, nur kurz gegart, oder auch eine Portion als Saft – idealerweise zu jeder Hauptmahlzeit und auch als Zwischenmahlzeit: Damit werden reichlich Vitamine, Mineralstoffe sowie Ballaststoffe und sekundären Pflanzenstoffe (z.B. Carotinoiden, Flavonoiden) zugeführt. Das Beste, was man für die eigene Gesundheit tun kann.

4. Täglich Milch und Milchprodukte, ein- bis zweimal in der Woche
Fisch; Fleisch, Wurstwaren sowie Eier in Maßen. Diese Lebensmittel enthalten wertvolle Nährstoffe, wie z.B. Calcium in Milch, Jod, Selen und Omega-3-Fettsäuren in Seefisch. Fleisch ist wegen des hohen Beitrags an verfügbarem Eisen und an den Vitaminen B1, B6 und B12 vorteilhaft. Mengen von 300 - 600 g Fleisch und Wurst pro Woche reichen hierfür aus. Fettarme Produkte bevorzugen, vor allem bei Fleischerzeugnissen und Milchprodukten.

5. Wenig Fett und fettreiche Lebensmittel
Fett liefert lebensnotwendige (essenzielle) Fettsäuren und fetthaltige Lebensmittel enthalten auch fettlösliche Vitamine. Fett ist besonders energiereich, daher kann zu viel Nahrungsfett Übergewicht fördern, möglicherweise auch Krebs. Zu viele gesättigte Fettsäuren fördern langfristig die Entstehung von Herz-Kreislauf-Krankheiten. Pflanzliche Öle und Fette bevorzugen (z.B. Raps-, Oliven- und Sojaöl und daraus hergestellte Streichfette). Auf unsichtbares Fett achten, das in Fleischerzeugnissen, Milchprodukten, Gebäck und Süßwaren sowie in Fast-Food- und Fertigprodukten meist enthalten ist. Insgesamt 70 - 90 Gramm Fett pro Tag reichen aus.

6. Zucker und Salz in Maßen
Nur gelegentlich Zucker und Lebensmittel, bzw. Getränke verzehren, die mit verschiedenen Zuckerarten (z.B. Glucose Sirup) hergestellt wurden. Kreativ mit Kräutern und Gewürzen und wenig Salz würzen. Jodiertes Speisesalz bevorzugen.

7. Reichlich Flüssigkeit
Wasser ist absolut lebensnotwendig. Jeden Tag rund 1-2 Liter Flüssigkeit trinken. Wasser (ohne oder mit Kohlensäure) und andere kalorienarme Getränke bevorzugen. Alkoholische Getränke sollten nicht konsumiert

werden.

8. Schmackhaft und schonend zubereiten
Die jeweiligen Speisen bei möglichst niedrigen Temperaturen garen, soweit es geht kurz, mit wenig Wasser und wenig Fett - das erhält den natürlichen Geschmack, schont die Nährstoffe und verhindert die Bildung schädlicher Verbindungen.

9. Sich Zeit nehmen und das Essen genießen
Bewusstes Essen hilft, richtig zu essen. Auch das Auge isst mit. Sich beim Essen Zeit lassen. Das macht Spaß, regt an, vielseitig zuzugreifen und fördert das Sättigungsempfinden.

10. Auf das Gewicht achten und in Bewegung
Ausgewogene Ernährung, viel körperliche Bewegung und Sport (30 bis 60 Minuten pro Tag) gehören zusammen. Mit dem richtigen Körpergewicht fühlt man sich wohl und fördert die Gesundheit.
Thermik, Wirkrichtung, Verdauungskraft
Es gibt unterschiedliche Kriterien, die Wirksamkeit von Kräutern und Lebensmittel zu beurteilen. Der Einsatz der Kräuter und Zutaten basiert auf Beobachtung, was die Lebensmittel, Kräuter und Gewürze nach ihrem Verzehr im Körper bewirken. In der Medizin hat sich daraus folgendes System entwickelt: Jede Zutat oder Kraut hat eine Wirkrichtung. Außerdem gibt es noch Kräuter, die eine besondere Wirkung auf bestimmte Organe haben.

Voraussetzung für einen gesunden Stoffwechsel ist es, darauf zu achten, dass wir ausreichend Energie aus der Nahrung gewinnen und der Verdauungsprozess so wenig Energie wie möglich verbraucht. Eine bekömmliche Mahlzeit macht zufrieden und satt, verursacht keine Blähungen und keine Müdigkeit nach dem Essen. Richtiges Würzen erhöht die Bekömmlichkeit unserer Speisen. Es genügen oft schon geringe Mengen an Kräutern und Gewürzen. Sie dienen nicht dazu, uns satt zu machen, sondern helfen unseren Verdauungsorganen, die Nahrung zu verdauen.

6.2 Rezepte

Die Rezepte zeigen Ihnen welche Zutaten verwendet werden sowie mit der Kochanleitung wie diese zubereitet werden. Bei den Zutaten wird neben den Mengenangaben auch die Wichtigkeit für die Therapie angezeigt. Wenn dabei angezeigt wird "weniger als angegeben" versuchen Sie diese Empfehlung einzuhalten oder eine Alternative aus der Liste der "Empfohlenen Lebensmittel" zu finden. Meistens ist es nur eine leichte geschmackliche Änderung, wenn Sie diese Zutat gänzlich weglassen.

Schonende Kochmethoden: Kochen, dämpfen, pochieren, dünsten
Scharfe Kochmethoden: Grillen, rösten, anbraten, räuchern
Ausgeglichene Kochmethoden: Frittieren, Römertopf

Auf das Einfrieren und erwärmen in der Mikrowelle sollte verzichtet werden (Denaturierung).

6.3 Lebensmittel

Lebensmittel wirken wie Heilkräuter auf Körper und Geist, nur wesentlich sanfter. Die Ernährungsberatung stützt sich hauptsächlich auf heimische Lebensmittel. Das Wissen über die Wirkungsweisen jedes einzelnen Lebensmittels und das Wissen wann welche Lebensmittel zur Anwendung kommen, entstammt der Schulmedizin. Verwende Sie möglichst Erzeugnisse aus ökologischen-biologischem Landbau.

Da wegen der besseren Verdaulichkeit grundsätzlich alles lange gekocht und kaum roh gegessen wird, ist die Verträglichkeit hervorragend.

Die Einteilung der Lebensmittel entsprechend ihrer Wirkung auf den Körper und bildet die Basis, um einen ausgewogenen und harmonischen Gesundheitszustand im Körper zu erreichen.

Grundsätzlich empfiehlt die Ernährungsberatung keine bestimmten Lebensmittel für Jedermann. Ausschlaggebend für den individuellen Speiseplan ist vor allem die persönliche Konstitution.

Kaufen Sie nur frisches und reifes Obst und Gemüse ein. Braune Stellen, welke Blätter aber auch unreifes Obst und Gemüse sollten Sie im Supermarkt zurücklassen. Greifen Sie dann zu Tiefkühlware (keine Fertiggerichte!). Tiefkühlobst und -gemüse werden kurz nach dem Ernten schockgefroren und enthalten deshalb oftmals mehr Vitamine und Mineralstoffe, als die Ware aus der Obst- und Gemüsetheke! Konserven- und Dosenware dagegen enthält wesentlich weniger Biostoffe. Zudem werden Letztere meist mit Salz, Zucker usw. angereichert. Lassen Sie die Zutaten nach dem Waschen nie im Wasser liegen, denn so gehen viele Vitalstoffe ins Wasser über! Putzen Sie Salate, Früchte und Gemüse erst unmittelbar vor Verzehr.

Beachten Sie bitte die hygienische Verarbeitung der Lebensmittel. Waschen Sie Ihre Salate, Früchte und Gemüse gründlich. Bei Gerichten mit Fleisch bereiten Sie zuerst die Zutaten vor und verarbeiten dann die Fleischprodukte. Reinigen Sie danach die Arbeitsflächen und Werkzeuge besonders gründlich. Holzunterlagen sollten regelmäßig mit leichtem Desinfektionsmittel behandelt werden um die Keimbildung einzuschränken.

Bewahren Sie Obst und Gemüse möglichst getrennt voneinander auf. Auch geerntete Früchte und Gemüse leben und strömen z.B. Ethylengas aus, das andere Sorten schneller reifen und altern lässt. Fleisch und Fisch in der verschlossenen Verpackung lassen oder in luftdichten Boxen im Kühlschrank aufbewahren.

6.4 Kräuter

Bei der Aufbewahrung und Lagerung von Heilkräutern, müssen gewisse Grundregeln beachtet werden. Grundsätzlich müssen Heilkräuter geschützt vor direkter Sonneneinstrahlung, vor Feuchtigkeit und vor heißen Temperaturen gelagert werden.

Als Gefäße für die Lagerung von Heilkräutern können Gläser, Keramik-Behälter und zur Not auch Plastik-Dosen eingesetzt werden. Plastik ist aber ein sehr unreines Material und sollte daher wirklich nur eine kurzfristige Notlösung sein. Bei Glasbehältern ist darauf zu achten, dass dunkles Glas verwendet wird.

Heilkräuter können nicht beliebig lange aufbewahrt werden. Die Haltbarkeit von Heilkräutern ist auf jeden Fall begrenzt. Durch die Haltbarkeitsdauer kann durch sachgerechte Lagerung wesentlich erhöht werden. So soll der Lagerplatz dunkel, eher kühl und absolut trocken sein. Ein Medizinschrank aus Holz, der nicht direkt bei einer Wärmequelle platziert ist wäre ideal. Um Ihre Heilkräuter nicht wegwerfen zu müssen, kaufen Sie nicht zu große Mengen an Heilpflanzen. Beschriften Sie die Behälter mit dem Namen des Heilkrauts und dem Datum der Ernte bzw. der Verarbeitung.

7 Weitere Ernährungsvorschläge

Folgende Syndrome der Diätetik, der TCM oder als Therapieergänzung bei Krebs sind verfügbar.

DIÄTETIK
1. Ernährung des Säuglings - Beikost
2. Ernährung in der Stillzeit
3. Ernährung im Alter
4. Ernährung von Kindern und Jugendlichen
5. Ernährung von Sportlern
6. Leichte Vollkost
7. Schwangerschaft
8. Vollkost

Eiweiß und Elektrolyt – Nieren
9. (Hämo-)Dialysebehandlung
10. Akutes Nierenversagen
11. Chronische Niereninsuffizienz
12. Nephrotisches Syndrom
13. Nierensteine (Nephrolithiasis)

Gastrointestinaltrakt - Bauchspeicheldrüse
14. Akute Pankreatitis (Entzündung der Bauchspeicheldrüse)
15. Chronische Pankreatitis (Entzündung der Bauchspeicheldrüse)

Gastrointestinaltrakt - Dünndarm und Dickdarm
16. Akute Obstipation (Verstopfung)
17. Chronische Obstipation (Verstopfung)
18. Colon irritabile
19. Divertikulitis
20. Erworbene Laktoseintoleranz (Laktosemalabsorption)
21. Fruktosemalabsorption
22. Glutensensitive Enteropathie (Zöliakie)
23. Kolektomie
24. Kurzdarmsyndrom

Gastrointestinaltrakt - Leber, Gallenblase, Gallenwege
25. Akute und chronische Hepatitis (Entzündung der Leber)
26. Cholelithiasis (Gallensteine)
27. Fettleber
28. Leberzirrhose

Gastrointestinaltrakt - Magen und Zwölffingerdarm
29. Akute Gastritis
30. Chronische Gastritis
31. Magenblutung
32. Ulcus ventriculi und Ulcus duodeni
33. Zustand nach Magenoperation

Gastrointestinaltrakt - Mundhöhle und Speiseröhre
34. Mundschleimhautentzündung
35. Ösophaguskarzinom (Speiseröhrenkrebs)
36. Reflüxösophagitis (Sodbrennen)

spezielle Krankheiten
37. Phenylketonurie (PKU)
38. Rheumatische Gelenkserkrankungen

Stoffwechsel
39. Adipositas (Übergewicht)
40. Diabetes mellitus
41. Essstörungen (Untergewicht)
Fettstoffwechsel
42. Hypercholesterinämie (erhöhter Cholesterinspiegel)
43. Hepatische Enzephalopathie
Herz- und Kreislauf
44. Arteriosklerose (Arterienverkalkung)
45. Herzinsuffizienz
46. Hypertonie (Bluthochdruck)
47. Hyperurikämie und Gicht
veränderter Nährstoffbedarf
48. bei Fieber
49. bei malignen Erkrankungen
50. nach Verbrennungen
51. Strahlen- und Chemotherapie

KREBS
100. Bauchspeicheldrüse
101. Blasenkrebs
102. Blutkrebs (Leukämie)
103. Brustkrebs
104. Darmkrebs
105. Magenkrebs
106. Nierenkrebs
107. Speiseröhrenkrebs

TCM
200. Blase - Feuchte Hitze in der Blase
201. Blase - Feuchtigkeit und Kälte in der Blase
202. Blase - Leere und Kälte in der Blase
203. Dickdarm - äussere Kälte befällt den Dickdarm
204. Dickdarm - Feuchte Hitze im Dickdarm
205. Dickdarm - Hitze blockiert den Dickdarm II akut
206. Dickdarm - Trockenheit des Dickdarms
207. Dickdarm - Yang Mangel (Kälte)
208. Herz - Blut Mangel
209. Herz - Blut Stagnation
210. Herz - Feuer
211. Herz - Heisser Schleim verstopft die Herzporen
212. Herz - Kalter Schleim verstopft die Herzporen
213. Herz - Qi Mangel
214. Herz - Yang Mangel
215. Herz - Yin Mangel
216. Leber - aufsteigender Leber-Yang
217. Leber - Blut-Mangel
218. Leber - Blut-Stagnation
219. Leber - feuchte Hitze in Leber und Gallenblase
220. Leber - Feuer
221. Leber - Gallenblase Qi-Leere
222. Leber - Kälte im Lebermeridian
223. Leber - Qi-Stagnation

224. Leber - Wind
225. Leber - Wind mit aufsteigendem Leber Yang
226. Leber - Wind mit Blutleere
227. Leber - Wind mit extremer Hitze
228. Lunge - Qi Mangel
229. Lunge - Schleim-Feuchtigkeit in der Lunge
230. Lunge - Schleim-Hitze in der Lunge
231. Lunge - Schleim-Kälte in der Lunge
232. Lunge - Trockenheit der Lunge
233. Lunge - Wind-Hitze befällt die Lunge
234. Lunge - Wind-Kälte befällt die Lunge
235. Lunge - Yin Mangel
236. Magen - Blutstagnation
237. Magen - Feuer
238. Magen - Magenkälte mit Flüssigkeit
239. Magen - Nahrungsstagnation
240. Magen - Qi Mangel
241. Magen - rebellierendes Magen Qi
242. Magen - Yin Leere
243. Milz - Hitze und Feuchtigkeit befällt die Milz
244. Milz - Kälte und Feuchtigkeit befällt die Milz
245. Milz - Qi Mangel
246. Milz - Qi Mangel + Absinkendes MilzQi
247. Milz - Qi Mangel + Milz kontrolliert das Blut nicht
248. Milz - Yang Mangel
249. Niere - Herz und Niere kommunizieren nicht mehr
250. Niere - Jing Mangel
251. Niere - Nieren können das Qi nicht empfangen
252. Niere - Qi ist nicht fest
253. Niere - Yang Mangel
254. Niere - Yin Mangel